若手教師のための
英語授業 70のツボ

後藤信義 著

三省堂

はじめに

　How old are you? I'm eleven years old.
　これは，小学校の外国語活動や中学校1年生で学習することで，年齢を尋ねる表現として how old を覚えている。
　以前，この年齢のたずね方を教えた後，「学校の創立」や「新幹線がいつ開通したか」といったことも "How old 〜?" で表現できることを教えたことがある。しばらくして，生徒が家族の写真をペアに見せながら家族紹介をしていると，パートナーの生徒が，次のような質問をするのである。

　How old is this picture? Your mother looks very young.

　これには，大変驚いた。生徒は，教師の予想を乗り越えた How old 〜?の使い方をしているのである。我々教師の発想では，When was this picture taken? というような英語を使うところだが，how old を実にうまく使い表現しているのである。生徒の柔軟性や創造性に「子どもはすごい」と思わず叫んでしまった。

　小学校の5，6年生に外国語活動の授業が導入された。文部科学省発行の『Hi, friends!』を活用した授業実践や学校独自のシラバスでの授業実践が行われている。そのことを受け，小中連携の問題や評価の問題が注目されている。さらに，小学校から高校まで「児童・生徒にコミュニケーション能力を育成する」という基本的な理念のもとに，それぞれの段階での指導の充実が求められている。
　長年，英語教育に携わってきた教師として，今の英語の授業を眺めていると，すばらしい実践がある一方で教材研究の仕方，授業の仕組み方，slow learner との能力差への配慮，グループ活動のさせ方など課題も目につく。また，実践の背景となる理論をもう少し知っていれば多様で柔軟な授業展開ができるのに残念であると思うこともしばしばである。
　また，中学校段階ではコミュニケーション能力は表現（話すこと，書くこと）と理解（聞くこと，読むこと）の4技能の調和のとれた統合的な能力であるのに，口頭での能力に傾斜しすぎたり，語彙，音韻，統語規則，

意味の基礎的・基本的な力が軽視され，学力差が生じたりしている。

　課題が山積であるが，毎日の授業で悪戦苦闘している先生方に筆者の実践に基づくヒントを理解していただき，新たな実践を生み出すきっかけになって欲しいという思いで執筆した。

　本書は，小・中学校での実践を踏まえ，岐阜県教育委員会の英語指導主事として，また，管理職となってからは助言者として，様々な質問や課題に応えてきたものを文章化したものである。したがって，それぞれの課題に対する回答には長短があると同時に，課題間の整合性や一貫性はないことは理解していただきたい。なお，一部分は英語授業実例事典I，II（大修館書店）に掲載したものに加筆した。また，文部科学省の科学研究費補助金奨励研究Bを参考に執筆した内容も含まれる。

　若手教員への指導の考え方や指導方法が中心であるが，ベテランの先生方にも経験知と理論知を統合した，実践知を提供できるものになったのではないかと思う。また，言語や英語教育に関心がある読者であれば，理解しやすい内容であると確信している。

　事例は基本的に小学校の外国語活動，中学校の英語科の活動であり，平易な文例であるため，英語が専門でない先生方にも充分理解していただける内容である。さらに，「母と子ども」という教育雑誌に掲載したものに加筆し，言語や文化についての記述も付加したので保護者の方々にも興味をもって読んでいただけるものと思う。

　この本の出版は岐阜県英語教育研究会や自主研究会のメンバー，長年勤務した岐阜大学附属中学校の同僚や生徒にお世話になったお礼の意味もある。心よりお礼を申し上げたい。

　最後に，刊行に際して，三省堂編集部の堀川真由美氏には本当にお世話になった。心から感謝申し上げる。

平成27年　春　　著者

もくじ

はじめに ……………………………………………………………… 2

●英語教育
01 言語を学ぶとは ……………………………………………… 08
02 英語を学ぶとは ……………………………………………… 11
03 国際社会を生きる人材の育成 ……………………………… 15

●小学校英語
04 これからの小学校英語 ……………………………………… 20
05 小・中学校のシラバスの相違点 …………………………… 25
06 小・中学校の連携の前提 …………………………………… 29
07 小・中学校の指導の相違点 ………………………………… 31
08 学習指導要領の背景となる理論 …………………………… 33
09 「外国語活動」と「教科としての英語」の区別 ………… 41

●語彙指導
10 コミュニケーションを志向した語彙指導 ………………… 44
11 ことばの文化性を生かした色の学習 ……………………… 47
12 チャンクで習得する ………………………………………… 49
13 チャンクで活用する ………………………………………… 51
14 表現力を高める語彙指導 …………………………………… 53

●文法指導
15 文生成を意図した小学校の外国語活動 …………………… 56
16 文の機能の導入 ……………………………………………… 61
17 無生物主語に慣れる ………………………………………… 64
18 機械的な練習から脱した文法指導 ………………………… 66
19 五感の動詞で感情表現を豊かに …………………………… 70
20 現在完了形（完了）の指導 ………………………………… 72
21 誤答を表現活動につなげる後置修飾の指導 ……………… 74
22 コミュニカティブな関係代名詞の指導 …………………… 78

●音声指導／文字指導
23 音声指導から文字指導へ……………………………………… 82
24 ローマ字からはじめる文字指導……………………………… 85
25 フォニックスを取り入れた発音と綴りの指導……………… 89

●言語活動　基礎編
26 情報格差を活用したコミュニケーション活動……………… 92
27 訳を超えた内容理解の手段…………………………………… 94
28 教科書の内容を膨らませる指導……………………………… 97
29 類推して読む指導……………………………………………… 101
30 理解能力を育てる「通訳活動」……………………………… 104
31 会話読みで表現力を高める…………………………………… 106
32 オリジナル辞書で自己表現力を高める……………………… 108
33 3〜4行の文章で表現する……………………………………… 110
34 個に応じた「書くこと」の指導……………………………… 112
35 まとまりのある文章を「書く」指導………………………… 114
36 「書くこと」の考え方………………………………………… 119

●言語活動　応用編
37 カレーライスのつくり方……………………………………… 124
38 「おおきなかぶ」の指導……………………………………… 127
39 英語劇の指導…………………………………………………… 129
40 英語の詩や短い手紙を書いて創造性を磨く………………… 132
41 説明書を作る…………………………………………………… 135
42 自己表現としての英字新聞づくり…………………………… 137
43 ディベートのテーマを決める………………………………… 139
44 ディベートの指導……………………………………………… 141
45 スピーチコンテストの指導…………………………………… 144

●指導改善
46 Communicative level の指導を目指す………………………… 148
47 言語に含まれる文化性の指導………………………………… 151

- 48 算数を英語で表現する活動 ……………………………………… 154
- 49 伝統文化を発信する活動の意味 ………………………………… 156
- 50 Total Physical Response（TPR）を活用した授業 …………… 158
- 51 スクランブル活動で授業を充実させる ………………………… 162
- 52 帯活動の工夫 ……………………………………………………… 164
- 53 英語教育におけるジャンル別指導 ……………………………… 166
- 54 音楽を流しながらの外国語活動 ………………………………… 170
- 55 言語活動のレベルを意識した授業 ……………………………… 172
- 56 授業を理論的・分析的に省察する ……………………………… 174
- 57 質問と発問の使い分け …………………………………………… 177
- 58 T-P 対話から P-T 対話へ ………………………………………… 181
- 59 S-T 分析を活用した授業改善 …………………………………… 183

●評価
- 60 コミュニケーションへの関心・意欲・態度の評価 …………… 188
- 61 パフォーマンス課題と評価 ……………………………………… 190
- 62 Cloze test の活用 ………………………………………………… 194
- 63 C-Test を取り入れた授業 ………………………………………… 197

●その他
- 64 CAN-DO リストの作成 …………………………………………… 200
- 65 協同学習の必要性 ………………………………………………… 205
- 66 「英語で授業」の実践 …………………………………………… 209
- 67 単元構想図の作成 ………………………………………………… 213
- 68 他教科と外国語活動の相違 ……………………………………… 216
- 69 入試を視野に入れた授業改善 …………………………………… 218
- 70 脳科学の知見を英語教育へ ……………………………………… 220

あとがき ……………………………………………………………… 222

英語教育
ツボ01〜03

ツボ 01 言語を学ぶとは

●課題

　言語習得について語られる際,「幼児が言葉を習得するのは,聞くこと,話すこと,読むこと,書くことの順番である。だから,この順番で英語も教えることが言語習得に合致している」,「そんなに文法を知らなくても話すことができる。文法は役立たない」など,様々なことが言われる。それでは,言語を学ぶとは何を学ぶことだろうか。

●視点

　言語の習得について考えるには,実生活で幼児がどのように言葉を習得していくかを,詳細に観察するとよい。

　言葉を知らない幼児はまず,大人が言うことをその場面や状況から判断して,聞いて理解できるようになる。そして1歳から2歳頃になると,徐々に物と言葉が結び付く。例えば「マンマ」と言って「ご飯が欲しい」ことを表したり,「ワンワン,ネンネ」で「犬が寝ている」ことを表したりする。このように,1語文から2語文へ徐々に発達していくことで,幼児語ではあるが,社会的に容認された言語で話せるようになるわけである。

　親は,幼児にとって最初の言葉の先生である。子どもを育てた人ならば誰でも,子どもがどのように言語を習得していくか経験的に知っているだろう。しかしだからと言って,親は子どもが習得しやすいように言葉を整理して与えているわけではない。「マンマ」が言えるようになったから「ワンワン」を言えるように順序性を考えて教えているのではなく,ある意味,場当たり的に教えているといっても過言ではない。親が教えなかったような言葉や文を子どもが言うことだって多くある。様々な場面や文脈の中で,親が言葉を発し,子どもがそれを覚え,間違っていれば直されることで,自然と母語が話せるようになるわけである。

　例えば,お風呂のことを「ダンダ」と教えてもらうとする。そうすると,たらいに入った水のことでも「ダンダ」と言うようになったり,少しの水

溜まりでも「ダンダ」と言うようになったりする。覚えた言葉を使って一般化を試みるのである。それを親が直し，「ダンダ」はお風呂のことであることを教え，子どもは正しい意味のみを習得していく。

　また，「とり」という言葉も，スズメ，カラス，ツバメ等の総称として「とり」と言う言葉を覚えるのではなく，飛んでいる動物をそう呼ぶことから覚える。したがって，子どもがとんぼを「とり」と言っても不思議ではない。逆に，「あゆ（鮎）」を食べて旨いと思えば，「さかな」という抽象語よりも早く，「あゆ」と言う言葉を覚えることもあり得る。そこに，具体から抽象へという順序性が存在しないのも，親がそんなことを考えて言葉を教えているわけではないからである。

　それでは，文法はどうか。子どもは，言葉を倒置したり，省略したりして使うが，それも親が少しずつ言葉の順序を教えている。そうは言っても，英語の授業のように，形容詞の後に名詞がくるとか，これは動詞だというように体系的に教えるわけではない。親が正しいと思う語順で自然に発話することで，子どもがそれを真似ているのである。例えば，車を「ブーブ」と言うとする。すると，そのうち母親の車を指さして「カカの」と言い，父親の車を指さして「トトの」と言うようになる。この「の」の中に，「の車」という意味を含めて言っている。そして，成長するにつれて，「カカの車」と言い，「カカの車がない」と実際に目に見えないことまで，表現できるようになる。また，適切な表現がわからない時には，知っている単語や表現を使って何とか意志を伝えようとするのだ。「ジジ（おじいちゃん）もいっしょ」と言って，一緒に来て欲しいことを表現したり，「いっかい（1回）」と言って，もう一度同じことを要求したりするのである。

　このように，知っている語彙を結びあわせ，間違いを指摘されながら，徐々に文法的に正しい文を無限に生成していくとは，驚くべき能力である。子どもは生得的に，有限の語彙を使って無限の文を生成する能力を持っている，とアメリカの生成変形文法学者のチョムスキーは言う。まさしくその通りである。

　以上，言語そのものの習得について述べたが，言語は社会的な存在であるため，場面や状況と密接に結びついていることは自明である。わかりやすく言えば，幼児が言語を学ぶ過程においては，目的のない会話，相手のいない会話，状況や場面のない会話，結果の伴わない会話，評価のない会話は存在しないわけである。したがって，言語を学ぶとは，「語彙や文法

などの言語の構造的・文法的な能力を軸に，その言語が話される社会の社会的・文化的なルールにしたがって適切に言葉を扱う力を学ぶこと」である。

　言語習得のメカニズムは，全部解明されているわけではないが，このように母国語の習得過程を省察すると，「英語」という言語の習得過程がより理解できるようになるだろう。

参考文献
藤掛庄市（1980）『変革の英語教育』学文社
後藤信義（1982）「早期英語教育」『母と子ども』教育出版文化協会

ツボ02 英語を学ぶとは

●**課題**

我々英語教師は長い年月をかけて英語を学んできた。英語の授業では英単語や文法を覚え，それを応用して文章を理解，表現してきたわけである。しかし，単語の学びにしても，単語のどんな側面を学ぶのであろうか。また，文法を学ぶとは，文法の何を学ぶことなのだろうか。そもそも英語を学ぶとは一体どういうことなのか。

●**視点**

ツボ01で述べた通り，言語の習得には，音韻，語彙，文法，意味の習得が必要であり，また，文を理解したり，発したりするときには，場面や状況，文脈の中でそれらがどのように使われるのかを知っている必要がある。英語の場合にも全く同じことが言える。

1. 音韻について

過去の英語教育では，英語の発音と綴りは一致しないから，片端から覚えることを要求された。しかし，例外は存在するものの，この発音と綴りの間にはある程度の規則性があることは自明である。

例えば，英語がわかる人であれば，全く新しい単語を見てもその発音の予想がつく。また，発音された英語を聞いて，綴りを予想することもできる。これは発音と綴りの関係性（フォニックス）を教わらなくてもすでに獲得しているためである。例えば，次の単語を読んでいただきたい。

| game | came | late | cake | date | face | gave | lake |
| make | made | name | page | same | take | tape | safe |

これらからわかるように，［子音 + a + 子音 + e］では，"a"を<ei>と発音し，最後のeは読まないという規則性がある。ある程度この規則性を

習得すれば，子どもは新出の単語に遭遇しても類推して次から次へと読むことができるわけである。例えば，前述の語彙が読めれば，"rate", "sate", "tame"等を発音することは易しい。これはほんの一例であるが，ある程度音声で英語を習得し，綴りを覚える段階でこのような例を示してやり，子どもに動機付けをしてやることは，発音と綴りの関係を把握するのに非常に大切である。

　単語を覚えるのは入門期で大変苦労するところだが，しばらくすると加速度的に覚えることができる時期が来る。これは，学習者が意識する，しないにかかわらず，いつの間にかこの発音と綴りの法則性を見いだしているからである。

2. 語彙について

　語彙は創造性の余地がなく，どうしても覚えなければならないものである。しかし，どのように単語を覚えるかによって，どの程度それらを活用したり応用したりできるかは異なってくる。

　例えば，「read＝読む」，「buy＝買う」，「borrow＝借りる」，「sell＝売る」と覚えても，生きて使う語彙力になりにくい。こんな時には「本」をキーワードにして，「本を読む（見せる／書く／出版する／貸す／借りる／買う／開く／閉じる／調べる／売る）」を "read (show / write / publish / lend / borrow / buy / open / close / check / sell) a book" と，チャンクとして覚えた方が効果的である。これは，「本」をどうするのかという観点で他動詞を示しており，実際に book という単語を使う組み合わせで覚えることで，活用しやすくなる。また，こうすれば，本を取り巻く動詞がたくさんあることに気付くこともできる。

　チャンクは次のような観点から指導すると効果的である。（上記の例は「イ」にあたる。）

ア　名詞＋自動詞	イ　他動詞＋名詞（目的語）
ウ　形容詞＋名詞	エ　動詞＋副詞

3. 意味の習得

　日本語でも英語でも，その語彙数は有限である。さらに，我々の頭脳の容量も有限であるため，我々が暗記し，使える語彙は限られている。しかし，人間はこの有限の語彙を使って，無限のことを表現する。そのため，ひとつひとつの語は，必然的に多くの意味をもつことになる。多義とはいっても，でたらめに様々な意味があるわけではなく，何かコアとなる意味があり，それから派生的に活用，運用される中で，意味が確立していった。

　この多義語の意味がどのように派生していったかは，日本語と英語で同じところもあれば，異なる点もある。例えば，「薬を飲む」は "take medicine" と言って，"drink medicine" とは言わない。「一生懸命勉強する」は "study hard" と言うが，"learn hard" とは言わない。言語に文化が内在している以上，その言語が使われている社会や文化と密接に結びついているため，ズレが生ずるのは当然のことだろう。しかし，全く異なる文化と言語体系を持つ英語を日本人の学習者が学ぶ場合，この意味のズレを習得することが一番難しい。

　では，日本人の学習者は，どのように多義語を学んでいったらよいのだろうか。その効果的な習得方法は様々だが，ここでもチャンクで覚えることが挙げられる。

　中学生レベルの単語を考えても，組み合わせしだいで意味が変わるものは多い。例えば，catch の意味を覚えさせるならば，次のようなチャンクを与え，それぞれどういう意味で catch が使われているか考えさせるとよい。

---

catch a ball,　catch a thief,　catch a train,　catch a bus
catch cold,　　catch fire,　　catch English,　catch one's eyes

　さらに，rich という形容詞のチャンクも，「お金持ちの」という意味だけでは理解できない使い方もあるため，推測させるには良い例である。

---

rich person,　rich country,　rich memory,　rich experience
rich milk,　　rich food,　　rich chocolate, rich history

　このように使い方を推測しながら，様々な意味を覚えることで，語感を高めることもできる。

4. 文法について

　音韻と語彙を習得すれば、文をつくることができる。この文のつくり方が文法であり、統語規則と言われるものである。我々が、日本語で話せるのも、日本語の統語規則を知っているからである。しかし、その統語規則だけを取り出して理解しようとすると、思っている以上に厄介な事になる。それは、話すことと文法を理解することは別次元のことだからである。英語を母語とする人に文法を聞いても「わからない」という人が多いことも、これでうなずける。

　つまり、言語を習得する上で文法は大切であるが、文法を知っているからと言って、その言語を使えるとは限らないため、ただ単に文法を文法として教えることはあまり意味のないことなのである。機械的に文を暗記するのではなく、コミュニケーション活動（言語活動）を通じて、文法などの言語材料の定着を図り、何度も繰り返し使う中で、間違う回数を減らしながら習得していくことが肝要なのである。

　以上、英語の基礎的、基本的な事項である音韻、語彙、文法について、語彙項目に関する知識と運用力を中心に述べてきたが、それらを習得したら、実社会の中で「聞く」「話す」「読む」「書く」のコミュニケーション活動ができるかと言えば、首を横に振らざるを得ない。

　例えば、"Will you go out with me tonight?" という表現をとっても、これはただの外出（go out）の意味ではなく、デートに誘っているわけである。また、この応答として、"I have a book to read." と応えれば、言葉通りというよりはデートを断る意味をもっている。

　このように、母国語と同様に、社会的な文脈の中で言葉を理解し、使えることが本来の習得である。したがって、英語を学ぶとは、「ある場面や文脈の中で、どのような人間関係で、どのような意図や目的で、発せられたのかを把握した上で、適切な言語やまとまりのある文章で対応する力の習得」と言える。

参考文献
藤掛庄市（1980）『変革の英語教育』学文社
後藤信義（1982）「早期英語教育」『母と子ども』教育出版文化協会

ツボ 03 国際社会を生きる人材の育成

●課題

「初等中等教育における国際教育推進検討会報告―国際社会を生きる人材を育成するために―」(2005)が目指すことは次のようである。
- 国際社会において信頼される日本人を育成
- 国際社会で進んで活躍し得る人材の育成
- 外国語教育の改善・充実

この一環として,外国語教育の改善・充実のため,語彙数や時間数の増加など,様々な施策が施されている。では,小中学校の段階で,国際社会において信頼される日本人,国際社会で活躍する日本人とは,どのような人を具体的にイメージすればよいのであろうか。

●視点

「国際人」は英語でどう表現できるだろうか。"international person"で外国の人に理解されるであろうか。多分理解されないだろう。直訳しないで考えると,次のような表現が挙げられるだろう。"cultured person", "broad-minded person", "sophisticated person", "well-educated person", "flexible-thinking person" 等々。そして,それぞれが何を意味しているのかを考えると,「国際社会で生きる人間」にどんな能力が必要か推測できる。

●実践例

国際社会に生きる人間の能力は,小中学生の立場から平易な言葉で説明すれば以下のようである。

1. 好奇心

「えー,これ何?」「なんで?」「どうして?」と,様々なことに対して疑問を持つことができ,積極的に自ら何かを学ぼうとする姿勢を伸ばすこ

とが、国際人になるために大切なことである。この好奇心は学習意欲の根源になるため、一生涯もち続けたい能力である。また、学習意欲だけではなく、自ら課題を見つけることも重要視されている中、この好奇心こそ、小・中学校教育で大切にしたいことである。

2. 柔軟性
　海外を旅行した人が、「イギリスの料理はまずい。日本料理が最高だ。」等と話すことがある。これは、あくまでもその旅行者が体験した味覚の結果であるが、もっと多種類の味覚を体験していれば、一概にそうとは言えないかもしれない。
　我々は、ともすると、固定的な価値観にとらわれて物事を判断しがちである。そのため生徒には、物事を固定的にとらえず、広い視野に立って柔軟にとらえる力を付けさせたい。また、英語を学習するにあたって「曖昧性への寛大さ」は重要な点である。言語は非常に曖昧なところが存在するため、数学のように全てを論理的に説明できないことが多い。生徒の中には、文法の説明を細かく求めてくる者がいるが、曖昧なことにも耐えることができるかが大切である。柔軟に物事を考えられることは、国際人のみならず、言語学習の良い学習者の特性としても特記しておく。

3. 歴史・文化に対する認識
　「人は、自分の文化の中で行動する」と言われる。様々な文化や背景をもつ人がいる国際社会では、自国の文化や歴史をしっかり把握するだけではなく、他国のそれらを尊重して行動することが大切である。
　ことばは文化と密接に関係しているため、他国の文化に身を置いた時はその違いを意識した方がよい。例えば、我々は、誰かが退社する時に「おつかれさまです」と言う。また、残業をしている人にも、それぞれ相手へのあいさつとして使用する。これを直訳して "You look tired." と言えば、「そんなに疲れ切ってひどい顔をしているか」と、ムッとされる可能性がある。退社するときに同僚にかける言葉であれば、"See you tomorrow. Take it easy." ぐらいが妥当であろう。
　また、食事の前に「いただきます」と日本人は言うため、"Thanks for this wonderful meal." と言いそうになる。しかし、英語では食べ終わった後であればこの表現は適切であろうが、食べる前の言葉としては何か

しっくりこない。もし言うならば，"This looks really good." であろう。また，宗教についても同じことが言える。日本人の多くは，無宗教であると言われる一方，生活の中では多神教であるとも言われる。日本は外国の宗教である仏教を導入して，それを生活の隅々まで浸透させた世界にもまれな国である。しかしどれだけの人がそのことを認識しているだろうか。それぞれの宗教は様々な歴史をたどり，それぞれの習慣や考えをもっている。自国のことを深く認識できなければ，他国のことなどなかなか理解できないのである。

4. 個の尊重

日本人はレストランで食事を注文する時に，4人いれば4人とも同じ定食を注文したりする。しかし，欧米の文化では，一人一人が違って当たり前で，肉の焼き具合をとっても，rare, medium, well-done 等好みに応じて料理される。また，マクドナルドのようなファーストフード店では コーラを注文すれば，large, medium, small のサイズを聞かれるのが普通である。全て，個人の好みに応じているのである。

日本人は「和」を好み，集団で動く傾向があるといわれる。一方，西欧では，個人の特性を生かし，個で動くことが尊重される。グローバル社会で活躍する人になるためには，「和」の尊重，集団行動の良さを生かしつつ，個を生かすことが大切である。

5. 自己表現力

以心伝心は親しい間柄では通じるが，グローバル化した世界では通用しない。自分の感情や考えを理路整然と相手に伝え，伝えた内容についての疑問や質問に適切に応じることが重要なことである。今の学力観においても，課題を見つけ思考し，判断して表現することが求められている。国語教育でもディベートが導入されており，英語の授業でもディベートの実践が多くなっている。

自己表現力に乏しいと言われる日本人にとって，これはどうしても身に付けたい能力だろう。

6. 異質性と共通性の理解

我々は，ともすると外国と日本との違いを強調しがちである。もちろん

違いを理解することは大切であるが，共通性も同時に理解させたいものである。世界の大多数の人々は，朝昼晩の3回食事をとり，夜は睡眠をとる。喜怒哀楽があり，みな幸せに生活したいと願っている。また，困っている時に助けてもらえれば，感謝の気持ちを抱く。このように，国は違えど同じ「人」であることを示す必要があるだろう。

　以上の1から6までのことを，グローバル社会で生きる日本人のイメージとして子どもに示す際に，歴史的な人物を取り上げて説明するのもよい。筆者は，飛鳥・奈良時代ならば聖徳太子や吉備真備，幕末であれば，勝海舟や坂本龍馬を例に挙げ，国際人の資質や能力は何かを話した経験がある。

　これからの知識基盤社会，グローバル社会では，英語を使って，どの国の人ともコミュニケーションできることは重要である。しかし，それに加え，何事にも興味を持ち，個を受容しながら，柔軟に物事を考え，自国や他国の文化を尊重し，自ら表現していくことをそれぞれの個の中に核として存在させたい。英語はあくまで，コミュニケーションの道具であるという認識の上に立ち，発信する内容を重視していく時代なのである。

参考文献
文部科学省（2005）「初等中等教育における国際教育推進検討会報告―国際社会を生きる人材を育成するために―」
デイビット・セイン（2012）『「おつかれさま」を英語で言いたくないですか？』東京書籍

小学校英語
ツボ04〜09

ツボ 04 これからの小学校英語

●課題

　小学校の外国語活動や，特区として認可された地域の英語科の授業を参観していると，活動に大きな格差を感じる。『Hi, friends!』の活用，コミュニケーション能力の素地，文字指導，英語活動の指導方法と評価，更には中学校との連携など，多くの課題が感じられる。このような状況の中で，これからの小学校英語教育を考えるとき，何を大切にすべきなのだろうか。

●視点

　小学校では，先進校を中心に従来の中学校での英語教育とは考え方や指導法が異なる実践が多く出てきている（松川，2007）。では，今後は，どのように小学校の英語教育を考え，実践していけばよいのであろうか。様々な実践者や英語教育学者が実践や理論的な提案をしているので，それを参考にすることはできるが，基本的には目の前の児童の実態に合う学習者中心の指導法，動機付けを重視した指導法，活動中心の指導法，課題解決的な指導法を念頭に入れて，実践から理論を積み上げていきたい。

●実践例

1. 日本人のための英語指導法のパイオニアになる可能性

　今までの中学校や高校で実践されてきた英語の指導法は，ほとんどが外国からの輸入で，それらの多くは母国語以外の第二言語を習得する際の指導法が核になっている。日本の場合，第二言語ではなく外国語として，また，学校という限られた場所や時間で学習するため，自ずとその理論や指導法が異なってよいはずである。現在，文部科学省指定の研究開発校や英語の特区で実践されている小学校での英語教育は，学習者中心，言語活動中心の授業になっている。これらの実践から理論が生まれる可能性は十分秘められており，またその指導法が日本人の児童や生徒のコミュニケーション能力を高める切札になることも考えられる。したがって，これから

は小学校に限らず，中学校でも自由な発想で英語学習を創造する必要があるのではないだろうか。

　例えば，言語は「聞くこと」「話すこと」「読むこと」「書くこと」の順序で習得すると言われる。教授法でもこの順序が自然で効果的であるとされているが，入門期にあたる11歳前後の児童の場合，話すことに力点を置いた指導法の方が外国語としての習得が早いかもしれない（藤掛,1987）。多量のインプットが必要だからといって，喋りたくてたまらない児童を黙らせておくのが良い指導だとは思えない。子どもの実態を充分把握した上で，学習意欲の情意面や，外国語としての言語習得を総合的に考え，日本人学習者に最適の指導方法を開発することが大切である。

2. 過程重視の指導法

　今までの英語の授業は，結果重視の指導法であり，学習評価もそうであった。しかし，コミュニケーションへの関心・意欲・態度が尊重され，コミュニケーション活動を充実させるようになり，学習のプロセスを重視する主張が識者から指摘されるようになった。これからの小学校の外国語学習においても過程重視の指導を尊重するには，『Hi, friends!』とともに，教材を開発して，創造的な授業を展開したい。その際，参考となる教材も多く発行されているが，何を学習し，どのような活動を取り入れ，どのような順序や方法で教えるのか，どのように評価するのかを明確にするとよい。そして，結果の評価のみにとらわれず，活動そのものを尊重した授業を創造していくことが大切である。

3. 教師も児童も楽しさで満ちた授業

　外国語の習得には，認知面だけではなく情意面の配慮が必要である。気軽に意見を言い合えたり，だれもが誤りに対して寛大であったりするような雰囲気づくりは特に大切である。情意フィルターを低くすると，外国語習得率が高くなるという実験結果も出ている。身体を動かし，椅子から離れた状態で，教師と児童，または児童同士が絵やジェスチャーを使いながら楽しく，ゲームや情報のやりとりができる授業をめざしたい。生活科では「遊び」を，小学校の低学年の体育では「運動の遊び」を学習と位置付けている。英語も，英語を使って遊んだ，英語を使って通じ合えたという実体験が，中学校以降の英語学習の動機付けとなるのではないだろうか。

4. 音声重視の学習指導

　小学校では，音声重視の学習が中心であるが，特に発音については，できる限り，英語のストレスやイントネーションの特徴が崩れない程度の発音で教えたいものである。こう言うと，英語の専門でない担任の先生方には難しい，と言われるかもしれないが，英語を母語としている ALT と同じような発音で指導しなければならないと言っているわけではない。例えば，日本語ではどの音も同じように強調したリズムで話すのに対し，英語はストレス中心のリズムで話す。その英語らしい話し方をぜひ意識してほしい。その際，手拍子，タンバリンやリズムマシンが有効である。これらを活用することで，繰り返しの練習が退屈にならず，記憶の負担も大幅に軽減され，日本人の弱点である弱音の聞き取りにも効果的である。

　ただし，誤解をしてほしくないのは，小学校の英語教育はあくまでも音声重視であって，中学校で指導するような単語の読み（音声）から導入する英語指導をすればよいということではない。

5. 音声重視の指導と文字指導は矛盾しない

　児童は，音声で多くの言葉を覚えると，しだいに文字に関心を持ち始める。それに応えることは一定の範囲内であれば問題はない。そこで，小学校で文字指導をする場合，是非注意したい点を挙げる。

- 単語や短い文を聞かせ，ある程度の単語は音声でインプットする。
- 音声での記憶が確かめられた後に文字を提示する。児童は，文字を1つの塊（ゲシュタルト）として認知するため，絵の下に表示するとよい。例えば，鉛筆の絵の下に pencil と表示すると，p/e/n/c/i/l と1文字1文字ではなく，pencil というひとつの塊として認知する。
- 発音をカタカナでふらないようにする。
- 書くことは能力差を生み出すため，文字は読ませるだけでよい。

6. ローマ字から英語の綴りへ

　小学校3年生の国語でローマ字を学習するが，せっかく学習しているのであれば，是非英語学習にも取り入れたい。

　国語で学習するローマ字は訓令式（日本式）である。したがって，まず訓令式から導入し，ヘボン式を教え，次に英語のスペリング指導と，順序よく系統的に進めたい。具体的には，ヘボン式を教える際には Tokyo,

Hiroshima, Gifu や judo, kimono, tempura 等といった地名や名詞が使える。スペリングの指導なら，音声で十分覚えた soccer, apple, dog といった英単語を扱うとよい。フォニックスを使うことも考えられるが，フォニックスはあくまでも音声での習得がある程度できた段階から導入すべきであり，小学生段階からの活用は難しいだろう。

7. 学年別のシラバス・デザイン

　『Hi, friends!』が存在する以上，特別にシラバスを考える必要はないかもしれないが，特区の指定を受けた地域では，『Hi, friends!』以上の活動を工夫して行っている学校もある。独自のシラバスを考えるのであれば，学年を意識するとよい。というのも，小学校の1年生と6年生とでは，精神的，知的な成長が著しく異なる。したがって，細かいシラバスを設定するよりは，目標となる活動や具体的な指導法を考えておくことが大切である。

【活動シラバス例】

1, 2年生	歌，チャンツ，ゲーム
3, 4年生	ごっこ，スポーツ，スキット，カード遊び
5, 6年生	クイズ，見せて話す活動，他教科と関連した活動

【具体的な指導例】

音　楽	歌う，リズムをとる
体　育	歩く，走る，ジャンプする，曲げる，伸ばす
図　工	色を塗る，絵を描く，物を作る
算　数	計算する，数える

8.「塾」との違いを鮮明に

　小学生への英語指導は学校だけでなく，塾などでも行なわれている。英語を楽しく活動しながら覚えるという点は塾も同じであろうが，小学校で行なわれる外国語活動の指導は塾のそれとは多少異なる。学校教育では，「総合的な学習の時間」の国際理解教育の一環として，また5, 6年生では「外国語活動」として行なわれるため，どんな力を身につけさせるのかを，学習指導要領に基づいて明確にする必要がある。

「総合的な学習の時間」では，主体的に考え学ぶ姿勢や，子どもや地域の実態に応じること等に重点が置かれている。また，国際理解教育としては，共生共存を基盤とした人権の尊重，相互理解，国際協調，具体的には個の確立，自己表現（伝達）力，社会的な態度の形成，自国の文化認識，国際社会への関心，交流体験等といったことが求められる。

　このように，小学校での外国語活動は，人権を尊重した「人間関係づくり」に重点が置かれている。クラスの中には，身体的，精神的，学力的に様々な児童がおり，また，外国籍の児童がいる場合もある。それぞれ自分と異なる個として存在を認め尊重し，交流活動等を通して様々な国の人々と交流を深めると同時に，同じクラスの仲間との良好な人間関係を構築することが大切である。

9. 小・中連携の注意点

　筆者自身，小中学校での教員を体験して，小中間で授業の交流や研究会への両校教員の参加などは十分可能であるが，カリキュラムまで連携させることはかなり難しい，という感触がある。それは，連携を強化すればするほど，「聞くこと」「話すこと」など技能に特化したコミュニケーション能力の育成へと走ってしまうからである。中学校英語への繋ぎとしてはこれでよいかもしれないが，小学校に外国語活動を導入する根本的な考え方の中には，小学校の教育課程そのものを考える理念があり，だからこそ，教科としての位置づけをしていないわけである。したがって，小中連携を進める際には，単語，発音，意味，文法などの英語の能力習得に特化しすぎることには常に警戒する必要がある。

参考文献

松川禮子（1997）『小学校に英語がやってきた！』アプリコット

松川禮子（2007）「理論編英語教育における小中連携を考える」『小学校英語と中学校英語を結ぶ』高陵社

後藤信義（2000）「人間関係づくりを基盤とした新しい英語学習」『小学校英語教育 A to Z 課題解決ガイド』開隆堂出版

小笠原林樹・藤掛庄市（1987）『中学校英語科言語活動3　話すこと書くことの授業』教育出版

ツボ 05 小・中学校のシラバスの相違点

●課題

　小学校の外国語活動で使われる『Hi, friends!』やその他の教材では主に，場面を中心とした活動の選択及び配列になっている。一方，中学校では場面や言語の機能を考慮しつつ，文法・構造中心の配列になっている。では，小学校の授業では何に配慮したシラバスをつくるべきだろうか。

●視点

　小学校で，外国語でのコミュニケーションを体験させるためには，何のために，どのような材料を選び，どのような順序で教え，評価するかという観点からシラバスを考える必要がある。

　実は，『英語ノート』や『Hi, friends!』が発行される以前，研究開発校などでの取り組みにおいては，このシラバス設計の仕事が最優先された。したがって，たとえ支給される教材がある今でも，外国語活動を展開するにあたり，『Hi, friends!』のシラバスがどのようになっているのかを十分検討する必要がある。

　そもそもシラバスは，次のように類型できる。

1. 文法・構造シラバス

　これは，文法事項や文型を易しいものから難しいものへと配列したり，単語から句，単文，複文へと配列したりしながら内容を決定するシラバスである。例えば，中学校の教科書のように，be動詞から始まり，それの否定文，疑問文と続けたり，主語を I, you から he, she, they へと広げたりするような構成をとる。

2. 場面シラバス

　空港での入国管理や買い物，朝の挨拶等，様々な場面を取り出して，その場面で使われる言語を学習内容とするシラバスである。このシラバスは，

小学校の『Hi, friends!』や中学校の教科書でよく使われている。ただ，実生活では1つの場面の中であらゆる会話が想定できる一方，教科書等で扱われる内容は典型的な会話のやりとりに限定されることが多い。

3. 機能シラバス

　人間がコミュニケーションを図る時にはある目的があり，それを達成するために重要な機能がいくつかある。例えば気持ちを伝えるには，「礼を言う」「苦情を言う」「謝る」といった機能が挙げられる。また，情報を伝えるには，「説明する」「発表する」「描写する」といった機能が必要だろう。これらの機能は，特定の場面に限らず，日常生活のどんな場面でも使えるため，コミュニケーション能力の育成という面で非常に大切である。

4. 題材シラバス

　児童生徒が興味関心のある話題から，その家族，地域，世界へと広がるような内容を中心に構成する方法である。「自己紹介」「将来の夢」「市町村の紹介」「環境問題」等といった話題が考えられる。内容が基本にあるため，一つの話題で様々な表現を扱うことができる。ただし，その分語彙や文法が増大する傾向があり，指導法を工夫しなければならない。

5. タスクシラバス

　言語活動を中心としたシラバスである。例えば児童生徒がお互いに意見交換をしながらグループ発表を行う活動や友達同士で情報を集めて1つの作品をつくる活動は，目的が明確なため，生徒も意欲的になる。タスク中心のシラバスは，言語をある目的のために使うという意識を育てるために大変意義がある。

6. 語彙シラバス

　語彙を中心として，文法や言語活動の指導へと発展させていくシラバスである。例えば，"English"をキーワードにして，speak English, use English, enjoy English等，"English"を受ける動詞を教える。それを利用し，speak Englishを，"I speak English.", "He speaks English.", "English is spoken~."と，3人称単数や受け身形などのを指導につなげる。さらに，useful English, perfect Englishのように形容詞も指導できる。

他にも，動物，鳥，野菜，果物等，語彙をテーマ別に教えたり，「朝の生活」というテーマで get up, eat breakfast, watch TV, brush one's teeth, change clothes, leave home 等と，語句を時系列で教えたりすることもできる。

7. 技能シラバス

「聞くこと」「話すこと」「読むこと」「書くこと」の下位の技能を積み上げて習得するシラバスである。例えば，「聞くこと」の指導については「強勢，イントネーション，区切りなど基本的な英語の音声の特徴をとらえ，正しく聞き取ること」に始まり，「自然な口調で話されたり読まれたりする英語を聞いて，情報を正確に聞き取ること」「質問や依頼などを聞いて適切に応じること」「話し手に聞き返すなどして内容を確認しながら理解すること」「まとまりのある英語を聞いて，概要や要点を適切に聞き取ること」などを，学習内容を考慮して配列する。これは，4技能の習得に大切な理念ではあるが，1技能ごとの部分的な習得の集合が必ずしも全体の技能の向上にはつながらない点に注意したい。

8. 内容中心シラバス

他教科で扱った学習内容や題材を選択して，適切な順序に配列したシラバスである。例えば算数で計算を学べば，それを英語でも学習し，図画工作で作品をつくれば，それを英語で表現する。イマージョン・プログラム（全教科を目標言語で指導をする形態）のように誤解されるが，イマージョンの授業では，教科の内容を日本語でなく外国語（英語）で指導する。しかし，この内容中心シラバスでは，教科の内容すべてではなく，一部を活用して英語で活動するような言語学習が中心となる。

年間指導計画を考える場合，単一のシラバスだけで構成するのではなく，あるシラバスを基軸に，他の要素をからませていくことが一般的である。中学校では，英語の習得を目的としているため，文法構造シラバスを中心に，場面シラバスを取り入れ，そこに機能シラバスにも少し配慮したシラバス・デザインになっている。

一方，小学校の外国語活動は，英語に慣れ親しむ体験活動を主としているため，場面を中心としたシラバスになっていることが多い。活動場面を

設定して，コミュニケーションをとる必然性をつくり出し，自然な文脈の中で英語を使えるようになることが期待される。

●実践例

場面シラバスに機能を加味した英語の授業の例（尾崎，2010）を紹介する。次の実践は5年生向けのもので，「買い物」の場面に，少し高度な「値段の交渉」の機能を加えた内容である。

「友達を歓迎するために，お店屋さんへ行って，買い物をしよう」という設定で，友達の好きそうなフルーツケーキを買うための表現を導入する。

> A: I want three fruits cakes. How much are they?
> B: 450 yen.
> A: OK. Here you are.
> B: Thank you very much.

そしてその後，これを「友達を歓迎するためにお店へ行って，1000円で買い物をしよう」という活動に変え，値段の交渉が必要な状況をつくる。そのために，以下のような表現を教える。

> It's too expensive. / I can't pay that much.
> Can you make it ~ yen? / Could you give me a discount?

この他にも，お店では物を買うばかりではなく，文句を言ったり，ケーキの品質や甘さの度合いを聞いたりするような場面もある。1つの特定された場面で，学んだ表現だけを使ってもコミュニケーションが成立するとは限らないため，このように機能を加えて，様々な表現を指導することは有効である。

参考文献
文部科学省（2009）『小学校外国語活動研修ガイドブック』
文部科学省（2008）『中学校学習指導要領　外国語』
尾崎友美（2010）『岐阜大学教育学部附属小学校研究報告』岐阜大学附属小学校

ツボ 06　小・中学校の連携の前提

●課題
　小学校の5，6年生に外国語活動の時間が設定され，平成24年度からは中学校の英語の授業時間数が各学年週あたり4時間となった。そのような体制の変化の中で，どのように連携をしていけばよいであろうか。

●視点
　連携とは『新明解国語辞典 第七版』(三省堂，2012)によると「目的を同じくする者同士が，連絡し協力しあって何かをすること」となっている。英語指導の小中連携で言えば，コミュニケーション能力の育成という共通の目的を持って，小中学校が互いに連絡を取り合い，協力し合っていくことが連携の第一歩である。
　また，互いに連絡し協力し合うとは，連携する相手を尊重することでもある。それぞれのこれまでの目標や実践から，まず互いに謙虚に学び，それを生かすことが大切なのである。

●実践例
　小中連携については様々な意見が散見されるが，筆者の基本的な姿勢は次のようである。
　まず，学習指導要領に示されている事柄を確実に教えることが基本である。これがないところに「連携」の2文字は存在しない。したがって，「連携，連携」と叫ぶ前に，各学校の教師がミニマム・エッセンシャルである学習指導要領に書かれている内容を確実に理解し，指導することがまず求められる。
　次に，小学校と中学校それぞれが何を大切にして，どのように授業を展開しているのかを知ることが重要である。例えば中学校の英語教師が小学校の授業を参観すると，場面設定，トピック，児童のコミュニケーションへの積極性など，小学校で実践されていることを，どのように中学校で活

用できるか考える機会になるだろう。

　また，英語の基本的な表現が小学校でどの程度使われているか，情報を提供してもらうとよい。その際，次のような項目が挙げられる。

(a) 児童が理解と表現の両方ができ，慣れ親しんでいる表現は何か。
(b) 教師が指示したら聞いて分かる表現は何か。
(c) 訓令式のローマ字がどの程度理解できているか。ヘボン式はどうか。自分の名前をローマ字で書けるか。
(d) アルファベットにどれほど慣れ親しんでいるか。Tokyo, Osaka, Gifu, Aichi, Kyoto などの地名が読めるか。
(e) 『Hi, friends!』で使われている表現をどのように扱ったか。

【(a) (b) の例】

理解と表現ができる英語	聞いて分かる英語
Thank you.	Good job.
You are welcome.	Excellent.
Me, too.	That's very close.
Good morning.	Raise your hand.
Good bye.	Look at me.
See you.	Be quiet.
I'm sorry.	Come here.
Here you are.	Time is over.
Pardon?	I'll give you five minutes.
Help me, please.	Any volunteers?
OK. / All right.	Talk with each other.

　逆に中学校で教える内容でも，小学校の段階で導入しておけることがある。学習指導要領は大綱的に書かれているため，このように語彙や表現などの細かいレベルで連携することも重要である。

参考文献
山田忠雄ほか（2012）『新明解国語辞典 第七版』三省堂
後藤信義（2011）「小・中学校の英語の授業改善」高橋美由紀（編）『これからの小学校英語教育の発展』アプリコット

ツボ 07 小・中学校の指導の相違点

●課題

「将来の夢」のように，授業で扱う話題や言語活動が小学校でも中学校でも同じような単元がある。では，その違いは一体何か。小学校での活動が難しすぎたり，あるいは中学校では小学校でやったことの再学習になってしまったりする傾向を解消するには何に注意したらよいのだろうか。

●視点

小学校と中学校の英語の授業の違いは，様々なことが挙げられる。そもそも目的が，小学校では基本的な表現に慣れ親しむことであり，中学校では，言語活動（コミュニケーション活動）を通して，言語材料の定着を図ることであるため，それぞれの目的に合わせた活動内容にしなくてはならない。

●実践例

文のレベルでいえば，「一文」と「まとまりのある文」との違いがある。小学校では "What do you want to be in the future?" という質問に対して，"I want to be a pilot." などと，単発的なやりとりで学習する。それも，文法的に適切ではなかったり，単語一語であってもコミュニケーションが成立すれば良いというスタンスである。スクランブル活動（ツボ51参照）を通して，同じ夢をもっている人を探させるような活動を行うとよいだろう。

一方，中学校では，対話の流れを尊重して，対話を深める活動が求められる。例えば，上の例で言えば，「なぜその職業に就きたいのか」と質問を続ける。相手がそれに答え，またそれに付加してきっかけや，今そのために何をしているか等と，対話を継続していくような活動となる。

中学校2年生レベルの，具体的な発話例は以下の通りである。

> A: What do you want to be in the future?
> B: I want to be a doctor.
> A: Why do you want to be a doctor?
> B: Because I want to help sick people.
> A: That's nice.

職業やその理由の例はいくつか事前に示す。

将来の職業例		その理由例
a pilot	→	travel around the world
a chef	→	cook delicious food
a musician	→	make people happy with my music
a vet	→	save sick animals
a doctor	→	work in places without doctors

この後に，次のように2～3の理由を付け加えて発展させるのもよい。

【発展】

> A: What do you want to be in the future?
> B: I want to be a tree doctor.
> A: Why do you want to be a tree doctor?
> B: Because I like spring fresh leaves and autumn red leaves.
>   And I want to take care of the sick trees and save the trees.
> A: I see.

さらに，次のような内容を付加して，短いスピーチをさせるのもよい。
・その職業に就きたいと思ったのは，いつ頃か。
・その職に就くために，どんな力（コミュニケーション能力，体力，想像力）が必要だと思うか。
・親は，その職業に就くことに賛成しているか，反対しているか。

参考文献
高橋貞雄ほか（2006）『NEW CROWN English Series 2』三省堂

ツボ 08 学習指導要領の背景となる理論

●課題
　教師にとって学習指導要領は，実践の裏付けや根拠となる理論である。したがって，これに依拠して実践を重ねればよいわけであるが，この学習指導要領を支える理論，背景となる英語教育の理論とは何であろうか。

●視点
　今次学習指導要領の大きな変革は平成元年にさかのぼる。コミュニケーション理論が取り入れられ，それ以前の学習指導要領とは質的に大きく異なることになった。したがって，今の学習指導要領を理解するには，平成元年の時点での理念や考え方を理解する必要がある。
　具体的には，C. Canale（1983）らが提案した Communicative Competence の理論が背後にある。この提案以降，Communicative Competence を支える4つの能力の軽重や発達段階における習得の順序性については様々なことが論じられているが，基本的にこの4つの能力の重要性については揺らいでいない。

●実践例
1. Communicative Competence

　Communicative Competence は以下の4つの能力から成立している（Canale, 1983）。

（1）Grammatical Competence（文法能力）
　文法，音声，意味に関しての諸相を理解し，それらを操作する能力。文章を正確に理解したり，生み出したりするために必要な知識，技能である。

（2）Sociolinguistic Competence（社会言語的な能力）
　適切性（appropriateness）に関わるもので，発話が社会的に容認され，

理解されるために必要な能力。文法的に正しくても，場面にふさわしい表現でなければ，円滑なコミュニケーションはできないからである。

(3) Discourse Competence（談話能力）
　一連の文章を読んだり聞いたりする時に必要な能力。表層構造結束性（cohesion）と深層構造結束性（coherence）の両面から，書き言葉や話し言葉に表れる。例えば深層構造結束性の面で言うと，表面上は何のつながりもないように見える文も，意味的なつながりがある場合がある。Widdowson（1987）は次の例文で示している。

> A: Phone.
> B: I'm taking a shower.（I can't answer. You answer, please.）
> A: O.K.

このやりとりでは，括弧にあるようなことを補って解釈する必要がある。次の例も，深層構造結束性があるから理解される。

> A: How do you like Japan?
> B: I've just arrived.

　この対話が空港の場面であることがわかれば，この2つ目の文を理解することができるのである。日本に着いたばかりの外国人に，「日本はどうですか？」と尋ねたため「まだ，着いたばかりです（なので，まだわかりません）。」と言っているのである。

(4) Strategic Competence（対応能力）
　他の3つの領域の弱点を補うコミュニケーション能力。例えば，聞き手が理解できていない時に言い替えたり，相手が言ったことを確認するために繰り返すような能力がそれにあたる。Well ... / Let me see ... / I see. などのフィラーもこの能力のひとつである。

　以上の4つは本物のコミュニケーションを前提にしているが，教室という疑似のコミュニケーションの場においても核となる理論である。これ

らを理解，深化することなく今の英語教育を語ることはできないだろう。

また，小中連携を考えると，日本の英語教育を考慮して作成された次の図 8.1 が役立つ（大城，2008）。

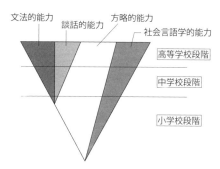

【図 8.1　日本の英語教育の段階（大城，2008 を参考に作成）】

　この逆三角形は，第二言語習得にどのような能力が必要かを他の技能との関連性で表示した原型に，日本での英語教育の段階を入れたものである。小学校段階では主に，体験的に身に付ける方略的能力と社会言語学的能力を伸ばし，中学校段階ではそれらを引き継ぎ，文法的能力と談話的能力を重点的に指導して身に付けさせることを意図している。なお，Communicative Competence の 4 つの能力と，「中学校学習指導要領　外国語」(2008) の言語活動の 4 領域の関係をまとめると次のようになる。

【表 8.1　4 技能と 4 領域（文部科学省，2008）】

4領域 4能力	ア　聞くこと	イ　話すこと	ウ　読むこと	エ　書くこと
文法能力	・基本的な英語の音声の特徴をとらえ，正しく聞き取ること	・基本的な英語の音声の特徴をとらえ，正しく発音すること	・文字や符号を識別し，正しく読むこと	・文字や符号を識別し，語と語の区切りなどに注意して，正しく書くこと
社会言語能力	・情報を正確に聞き取ること ・質問や依頼などを聞いて適切に応じること	・自分の考えや気持ち，事実を聞き手に正しく伝えること	・書かれた内容が表現されるように音読すること ・書き手の意向を理解し，適切に応じること	・身近な場面における出来事や体験したことについて，自分の考えなどを書くこと

談話能力	・まとまりのある英語を聞いて，概要や要点を適切に聞き取ること	・与えられたテーマについてスピーチすること	・内容を考えながら黙読したり，その内容が表現されるように音読すること ・物語のあらすじや説明文の大切な部分などを正確に読みとること	・語と語のつながりなどに注意して正しく文を書くこと ・文と文のつながりなどに注意して文章を書くこと
方略的能力	・話し手に聞き返すなどして内容を確認しながら理解すること	・つなぎ言葉を用いるなどのいろいろな工夫をして，話を続けること	・感想を述べたり，賛否やその理由を示したりすることができるよう，内容や考え方をとらえること	・聞いたり読んだりしたことについてメモをとったり，感想，賛否やその理由を書いたりすること

2. BICS と CALP

　実際の授業においては，小・中学校ともに，Cummins の提唱している BICS と CALP の考えを取り入れることは大切である。

　BICS とは Basic Interpersonal Communication Skills（基本的なコミュニケーションスキル），CALP とは Cognitive Academic Language Proficiency（学業に必要な事柄を理解し，それに基づいて考えるために必要な言語運用の能力）のことである。前者は日常のあいさつ，道を教える，買い物をするなどの定型句や，日常生活で使用される頻度の高い平易な表現形式を使える能力のことを指す。これは，小学校の外国語活動で行われる学習で中心となるものであると考えればよい。

　一方後者は，自分の考えを相手に伝える場合や，相手が言っている内容を理解するような能力であり，日本語の認知能力とも関係する。中学校の教科書にディベートの教材が掲載されているものがあるが，このディベートは，思考を伴うため，まさしく CALP の能力を使う活動である。

　現在の中学校では，BICS と CALP が混在している教科書が使用されている。これは，コミュニケーション能力を育成するためには必要なことであるが，第二言語ではなく「外国語」として英語を習得する日本の中学生

には，このBICSとCALPをつなぐ"BICS + one"の指導をする必要がある。例えば，小学校外国語活動では次のような会話文を練習する。

> A: What time do you usually get up?
> B: (I usually get up) At seven.
> A: Do you leave home at seven thirty?
> B: No(, I don't). (I leave home) At seven forty.

（　）をとっても会話はコミュニケーションとしては成り立つが，CALPを意識すると，中学校の段階では（　）を含めたfull sentenceで応えることを強要することも必要である。このように言うと機械的なドリルを連想させ，昔の英語教育に戻ると言われるかもしれないが，決してそうではない。低学力の生徒が最近話題になっているのも，実はこの段階を軽視しているためである。口頭でのディベートやまとまりのあるスピーチ，文字を媒介とした「読む」「書く」能力を養うためには，どうしても取り入れたい活動である。

3. Natural Approach

　Krashenが提唱したNatural Approachは小学校の外国語活動をよりよく理解するために重要な考え方である。
　彼の基本的な言語観は，言語は「意味とメッセージを伝える手段」，つまり「コミュニケーションの道具」という考えである。人と人との間で交わすことばは文法的な正確さよりも，場面と状況の中で適切であるかという点が重要で，そのような場面などに合ったコミュニケーションを成立させるための能力も備えなくてはならないという。
　また，彼は，人間は生まれながらに言語を習得する能力を持っているとする「言語の習得説」を取っている。人間の脳には言語習得装置（language acquisition device）が組み込まれており，そのorganizerに言語データが入力されて，そこを通して出てきたものが習得された言語体系（acquired competence）となるという（Krashen, 1982：32）。
　彼は言語習得に関する5つの仮説を提唱しているが，特に次の考え方が小中学校では参考になる。

(1) インプット仮説 (Input Hypothesis)

　学習者の発達段階を少しだけ越えた構造 (i+1) が，その場の状況や文脈の助けを借りて理解されると，習得が進むという仮説である。学習者は習得の最初に沈黙の期間 (silent period) を経験するのも，インプットを理解することに専念しているためだと言われている。

　教師が簡単な英語で既習の文法事項を使いつつ，時に生徒が理解できる程度の新しい構文を使い，情報を伝授すると，この考えを実践できる。また，新出文法事項をスモール・ステップで指導し，授業を進める方法と整合性があり，参考になる理論である。

　その後，アウトプット仮説 (Output Hypothesis) が提唱され，インプット仮説は修正に追い込まれるが，筆者は，現場では両方大切であると考えている。なお，前者のインプット仮説を中心に日本人のための英語指導法を提唱した "MERRIER Approch"（渡邉時夫，2003）も非常に参考になる。

(2) 情意フィルター仮説 (The Affective Filter Hypothesis)

　情意フィルター (affective filter) とは，習得をはばむ心理的障壁のことである。学習者に不安感があると，この障壁ができあがり，インプットを妨害する。したがって，情意フィルターをできる限り低くして，授業を行うことが大切である。

4.4 技能の構造とその理解

　我々教師は，次の表 8.2 のように 4 技能の特徴をとらえてきた。しかし，Widdowson (1987) は，図 8.2 のように二分法的に提示し，それぞれの活動の本質を提示した。表の中のそれぞれの技能の意味の違いを理解すれば，コミュニケーション能力としての 4 技能が鮮明になる。なお，図 8.2 で話すこと (speaking) 聞くこと (listening) は省略する。

【表 8.2　4 技能の特徴】

媒体／特徴	能動的	受動的
聴　覚	話すこと (speaking)	聞くこと (listening)
視　覚	書くこと (writing)	読むこと (reading)

【図 8.2　4技能の活動の本質（Widdowson, 1987 を参考に作成）】

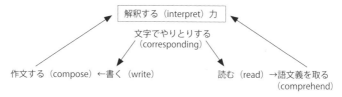

　最後に，授業の具体的な場面で英語教育の理論を応用するために，次のような専門用語を把握していることが望ましい。ここでは，短時間で能率良く，「今の英語教育の根幹の理論」に触れていただくために，筆者が精査し，現職教員や大学院生に提示し指導してきた用語を提示する。

(1) Communicative language teaching
(2) Task-based language teaching
(3) Communicative competence
(4) Grammatical competence
(5) Sociolinguistic competence
(6) Discourse competence
(7) Strategic competence
(8) Interaction
(9) Coherence / Cohesion
(10) Schema
(11) Direct Methods
(12) Skimming / Scanning
(13) Input Hypothesis
(14) Output Hypothesis
(15) Interlanguage
(16) Shadowing
(17) Suggestopedia
(18) Authentic material
(19) Intensive reading
(20) Extensive reading
(21) Collocation
(22) Bottom-up processing
(23) Top-down processing
(24) Immersion program
(25) Peer feedback
(26) Teacher talk
(27) Error / Mistakes
(28) Functional syllabus
(29) MERRIER Approach
(30) Autonomous learner
(31) Communicative test
(32) Skill-getting / Skill-using
(33) Phonics
(34) Total Physical Response
(35) Accuracy, fluency
(36) EFL / ESL
(37) Mechanical drill
(38) Meaningful drill
(39) Communicative drill
(40) Learning / Acquisition
(41) Writing / Composition
(42) Learning Strategy

- (43) Literal meaning
- (44) Functional meaning
- (45) CAN-DO
- (46) BICS / CALP
- (47) Focus on form
- (48) Focus on forms
- (49) Reading Comprehension
- (50) Performance / Rubric
- (51) Affective Filter
- (52) Redundancy
- (53) Action Research

参考文献

Canale, Michael. (1983). From Communicative Competence to Communication Language Pedagogy. *Language and Communication.* New York: Longman.

Widdowson H.G.(1978) *Teaching Language as Communication.* Oxford : Oxford University Press.

Cummins, J. (1979). Cognitive/academic language proficiency, linguistic interdependence, the optimum age question and some other matters. *Working Papers on Bilingualism,* No.19.

Krashen, S.D. (1982). *Principles and Practice in Second Language Acquisition.* London : Pergamon.

和泉伸一（2009）『「フォーカス・オン・フォーム」を取り入れた新しい英語教育』大修館書店

田崎清忠（1995）『現代英語教授法総覧』大修館書店

大城賢（2008）「新小学校学習指導要領を読む」松川禮子・大城賢（編）『小学校外国語活動実践マニュアル』旺文社

松川禮子（2008）「新学習指導要領と小学校外国語活動」『教育と医学』慶応義塾大学出版会

文部科学省（2008）『中学校学習指導要領　外国語編』

渡邉時夫監修（2003）『英語が使える日本人の育成』三省堂

ツボ 09 「外国語活動」と「教科としての英語」の区別

●課題

　小学校の外国語活動が浸透し始めたことは，すばらしいことである。しかし一方で，特区のように1年生から「教科としての英語」を実施している学校からの提案や研究発表が，5，6年生の外国語活動の授業のみを実施している学校に影響を与え，時には混乱をきたしているように思う。文字指導や言語材料を主とした授業，細分化された評価の観点に基づく授業など，2年間の外国語活動では扱いきれないものがある。では，何に配意し，シラバスデザインを試みるとよいのであろうか。

●視点

　まずは，自校の外国語活動が学習指導要領どおりの5，6年生で70時間か，それとも1年生から6年生までの200時間前後なのか，あるいは，総合的な時間の一部を含む70時間 + a なのかを確認する。

　次に，指導目標をつくる。例えば，5，6年生で合計70時間であれば，基本的に『Hi, friends!』を使用し，それに準拠してやればよい。しかし，時間数が70時間以上の学校は，その学校ごとに指導目標を明確に定める必要がある。とりわけ，特区のように1年生や3年生から週1時間「教科としての英語」を実施するような学校では，6年生の最終段階のコミュニケーション活動や文字指導を含めた評価を実施するような計画を立てる必要がある。

●実践例

1. 文字指導について

① 5年生で初めて英語に触れる児童であれば，5，6年生で文字指導はせずに音声だけで指導すべきである。もし教えるとすれば，『Hi, friends!』に示されているアルファベットに親しむ程度でよい。文字を見て英語を言わせることだけは避けたい。

② 1年生から英語の授業があったり，3年生から週1時間の授業があったりすると，文字を教えてほしいという欲求が出てくる。高学年になっても低学年と同じようなゲームでは興味関心を抱かなくなる。そのような場合は，以下の条件付きで文字を教えるとよいだろう。
- 音声ですでに習得している語彙，句，文章である。
- 音声と文字をマッチングする活動をする。
- ローマ字やアルファベットを読む能力を活用しながら教える。
- 文字指導は読むだけで十分ではあるが，児童が書くことを求めれば，読めた児童から書くことを学習させてもよい。

2. 評価について

① 5，6年生から外国語活動を行う場合は，文部科学省が示しているように次の3つの観点から評価すればよい（文部科学省，2008）。
- コミュニケーションへの関心・意欲・態度
- 外国語への慣れ親しみ
- 言語や文化に関する気づき

すべての活動についてこれらを評価することは難しいため，重点を置いて，観察し評価することを勧める。これらの評価の観点及びその趣旨は，児童や保護者には伝わりにくいため，実際の通知表等では，活動内容を明記し，その中で頑張った点を評価するような形成的評価が妥当である。

② 特区で「教科・英語」を実施しているところでは，中学校のように「聞くこと」「話すこと」と，言語活動を中心にした評価を5，6年生で実施することも可能である。ただし，行動目標として「〜ができる」と言うような観点は好ましくない。あくまでもコミュニケーションのツールとして英語を用いて，何かが「できる」ことを尊重したい。したがって，例えば会話活動では内容の伝達ができているかを観察し，「聞くこと」「話すこと」に言及した評価をしたい。その際，記述方式で評価したり，評価項目を設定して3段階で評価したりすることも考えられる。

参考文献
文部科学省（2008）『中学校学習指導要領解説』

語彙指導

ツボ10〜14

ツボ 10 コミュニケーションを志向した語彙指導

●課題
「今日は何曜日か」と英語で尋ねたとき,すぐに言える者もいれば,英語で日曜日から順番に指を折って返答する者もいる。また,eleven と nineteen のどちらが大きい数か聞いても,即座に反応できない者もいる。日本語では当たり前のようにできることも,覚え方や教え方により,英語では真逆の結果となる。これは,実生活における英語でのコミュニケーションの場で大きな障壁となる。どのように指導を工夫すればよいだろうか。

●視点
現実のコミュニケーションの場においては,知識や技能が即興的に応用,活用できることが大切である。そのためには,常に,教える段階から実生活で使うことを念頭に置いて,指導することが重要である。例え単語のレベルにおいても,この考え方は尊重されなければならない。

●実践例
1.「曜日」の覚え方
普通は,"Sunday, Monday, ... Saturday" と日曜日から土曜日までを練習し記憶させるが,そうすると7語を一連のつながりで覚えてしまう。これを "Saturday, Friday, ... Sunday" というように,土曜日から逆順に覚えさせると,意味と英語の単語が1対1で結ばれるため,ある曜日を瞬時に想起できるようになり,"What day of the week is it today?" と質問しても,指を折って数える子どもはいなくなる。逆順でスピードを上げて言えるように,その秒数を測り,競争させると大いに盛り上がる。

2.「月」の覚え方
「月」の覚え方も「曜日」の覚え方と同じように,January から December

まで、順に覚えるのではなく、"December, November, ... January"と逆順に教えると効果的である。ただし、逆順も一連の流れとして記憶していては意味がないため、最終的にはランダムに並べて練習する必要はある。

ある程度、月の名前が定着したら、"What month does spring have in Japan?"と質問して"March, April and May"と答えさせるような工夫をすると、季節とリンクして覚えさせることもできてよい。

3.「数」の覚え方

数の指導でも、"one, two, ... one hundred"と順番に指導することが一般的に見受けられる。また、1～10, 11～19, 20～29, 30～というように、子どもに数の言い方の法則性を発見させて教えることもある。しかし、「数」は順序だけではなく、「量、大きさ」も表していることをぜひ教えたい。

例えば、2つの数のうち大きい方の数字をあてさせる活動がある。「1つ目に発音する数が大きければ右手を、2つ目の数が大きければ左手を挙げる」と子どもに指示する。"nine, seven"なら、右手を挙げ、"nineteen, ninety"なら、左手を挙げる。慣れてきたら「大小」だけでなく、「2つの数字の差」を早く言わせるようにすれば、より確かに「量」としての認識を向上させることができる。

また、3人1組での活動ならば、好きな数字をAが言い、Bがまた他の数を言い、Cがその「足した数」あるいは「引いた数」を言うようなゲームも、子どもは興味を示す。

| 例1 | A：eight | B: six | C: fourteen | （足し算） |
| 例2 | A：seven | B: three | C: four | （引き算，量の差） |

「数」の遊びは、工夫さえすれば事前に教材を用意しなくても、充分楽しく活動ができる。

さらに、次のような計算を口頭で言わせると、より実生活で活用できる練習になるだろう。

1) $5 + 3 = \boxed{8}$　(5 plus 3 equals 8 / 5 and 3 makes 8)
2) $8 - 3 = \boxed{5}$　(8 minus 3 equals 5 / 3 from 8 is 5)

もう少し発展させて，次のような英語の問題文で，小学校1年生で学習するような足し算や引き算をやってもおもしろい。

1) There were 4 dogs on the train. Then, 3 more dogs got on. Later, another 2 dogs got on. How many dogs are there on the train now?
　A: $4 + 3 + 2 = 9$ (4 plus 3 plus 2 equals 9.)
　　The answer is 9 dogs.

2) There were 10 cats on the train. Then, 4 cats got off. Later, another 2 cats got off. How many cats are there on the train now?
　A: $10 - 4 - 2 = 4$ (10 minus 4 minus 2 equals 4)
　　The answer is 4 cats.

3) There were 5 rabbits on the train. Then, 3 rabbits got on. Later, 4 rabbits got off. How many rabbits are there on the train now?
　A: $5 + 3 - 4 = 4$ (5 plus 3 minus 4 equals 4)
　　The answer is 4 rabbits.

語彙指導 ● ツボ 11

ツボ 11　ことばの文化性を生かした色の学習

●課題
　小学校外国語活動の低学年や中学年の授業で，自分の必要な色の紙を要求し，それを使って自分の好きな家や部屋を作る活動がある。さらに，どんな色が好きかを尋ねて，好きな色を答えさせ，色の学習をする。
　だが，このような活動は高学年向きではないだろう。高学年の児童でも興味を持つような色の学習には，どんなものがあるだろうか。

●視点
　物の色の表現の仕方は国や文化によって異なる。小学校の5，6年生や中学生の段階では，ただredは赤，blueは青といったように一語一義で指導するのではなく，色と文化，そしてことばとの関係性を使って指導するのも一つの手である。

●実践例
1. 色の表現の違いを使った導入
　例えば，以下のような投げかけをする。

> T: What is the color of the traffic light?

おそらくred, yellow, blueと答える生徒がいるだろう。だが，実際英語ではred, yellow, greenと言う。似た例で，太陽の色を日本では「赤」とすることが多いのに対し，英語では「黄」である。また，色には順序性がある。日本語で言う「白黒テレビ」は英語では"black and white"であり，"white and black"とは表現しない。このような例を挙げると面白いだろう。
　また，「虹」の色にも文化性が伺える。我々は，「虹は7色」だと，当たり前のように感じているが，6色だと言う人も世界には存在する。日本では虹の外側から「赤，橙，黄，緑，青，藍色，紫」の順序に7色であるが，

47

藍色は青と区別がつかないので，6色とカウントしている国もあるのである。

2. 色と方位を使った活動

「青，赤，白，黒」は，日本では，方位，季節，前後，順序性があり，古代中国の世界観が基になっている。

```
青 = 東 = 春 = 左
赤 = 南 = 夏 = 前（正面）
白 = 西 = 秋 = 右
黒 = 北 = 冬 = 後（背面）
```

地下鉄等の名称にある，「東西線」を「西東線」，「南北線」を「北南線」と言わないのも，これらの前後関係，左右関係，季節の順序性に由来するのである。この色と方位の関係を用いて活動を広げることもできる。

上記の関係性を導入したあと，まず方位の言い方を確認する。そして以下のように，色と方位の関係性を英語で確認し，動作とつなげる。

> T: Which direction is the color ... Red?
> S: South.
> T: Face the directiton of the color ... White.
> S:（西を向く）

そして他の色も混ぜながら，色に合った方位を向かせる。

小学生には少し難しい点もあるが，動作をつけて色と方位を学べる上に，日本文化と関連させて英語を学習することができる点でも，ぜひこの活動は勧めたい。

参考文献
後藤信義（2011）「小・中学校の授業改善」高橋美由紀（編）『これからの小学校英語教育の発展』アプリコット
来村多加史著（2005）『キトラ古墳は語る』日本放送出版協会
アイゼック・アシモフ（1986）『科学エッセイ no.9「未知のX」』ハヤカワ文庫

ツボ 12　チャンクで習得する

●課題
　語彙は一義的ではなく，多義的であることは周知のとおりである。しかし，それらの意味の使い分けになると，母国語ではない言語では予想がつかないこともある。例えば，交通渋滞と言いたい時，英語で何と言うだろうか。答えは "heavy traffic" である。こんな heavy の使い方があることは，最初のうちは思いもしないだろう。では，どのように指導すれば，多義語の理解や語感を育成することができるのだろうか。

●視点
　語の組み合せ（チャンク）を念頭に置いて指導することである。組み合せといっても，その結びつきが，熟語のように非常に強いものから，弱いものまで様々である。ここでいうチャンクとは，結びつきやすい語の組み合わせを指し，それは次のようにまとめることができる。

ア	名詞（主語）＋自動詞	イ	他動詞＋名詞（目的語）
ウ	形容詞＋名詞	エ	動詞＋副詞

　アは "Water runs.", "Tomorrow comes." といった組み合わせのことである。エの例は，"run fast", "walk slowly" といったものがあげられる。イ〜ウについては，実践例とともに例を示すことにする。

●実践例
1.「他動詞＋名詞（目的語）」の例
　「ボール」にどんな動詞が使われるかを，教科書内で使用されている語彙を中心に取出してまとめてみる。そして次のような指導をする。
　① "kick a ball", "throw a ball" と，チャンクの形で言う練習をする。
　②教師が動作をして，その動作を英語で言わせる。

③チャンクの形で何個言えるか競わせる。

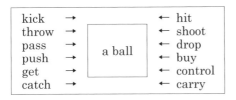

2.「形容詞＋名詞」の例

　教科書内で使用されている形容詞や名詞を参考に，以下のようなチャンクを覚えさせる。

| new bike | old bike | good story | sad story |
| big fish | small fish | tall tree | short tree |

　そして，語彙を習得した後，次のような文を作らせる。

This is a new bike. This bike is new.

　チャンクの形で覚えることで，単語の丸暗記にはならず，記憶が保持しやすい。そして上記のように文を作る活動をすることで，実際の言語使用に役立たせることができる。

3. 発展例

　以前にアメリカの小学校の社会科の教科書で，簡単な語彙がどのような結び付きになっているか調査したことがある。build は家や建物をつくるイメージで指導をするが，実際は「国をつくる」「公園をつくる」「鉄道をつくる」「語彙をふやす」「強い身体をつくる」といったことも，全て build を使う。このような感覚は，チャンクを通した語彙指導をする中で，自然に育成されていくため，ぜひ指導に活用してほしい。

参考文献
藤掛庄市（1976）「英語教育モジュラーシステム」『現代英語教育』研究社

ツボ 13　チャンクで活用する

●課題

　言語形式（language form）の習得の中で，語彙の習得は生徒にとって負担が大きい。とりわけ，実際のコミュニケーションで即興的に語彙を想起できるような覚え方は非常に難しい。では，どのように語彙を学習すれば，記憶を長く保持でき，なおかつコミュニケーションの場面で活用できるようになるのであろうか。

●視点

　語彙の活用を考えると，1語単独で覚えるのではなく，コロケーション（語群）やチャンク（意味的なひとかたまり）の形で記憶させ，活用を図ることが大切である。語の結びつきはツボ12などでも述べたが，その例をここで示す。

---

①名詞（主語）＋自動詞
　例：The river runs. The machine works.
②他動詞＋名詞（目的語）
　例：build a park, tell a lie, play baseball, practice judo
③形容詞＋名詞（形容詞的に使われる名詞を含む＋名詞）
　例：tall tree, sharp nose, heavy snow, Sunday morning
④動詞＋副詞
　例：run fast, go well, walk slowly, go to bed early

　このようにチャンクで覚えていると，「私は，明日の午後，友達と公園へ野球をしに行きます。」と発話したいときに，生徒はいとも簡単に文を生成することができる。

I'll go to the park to play baseball with my friends tomorrow afternoon.

●実践例

　次のリストは,「公共交通機関を利用した道案内」等で使用する語彙のチャンクである。これらを活用し,「道案内」や「自分の通学経路を説明する活動」を仕組んでほしい。

get off the train	get on the train
arrive at the station	get to the station
take the JR Line	take the next train
change trains	from the platform No. 1
at the third stop	the bus for Hon-machi
the subway for Hongo	bus No.7
every ten minutes	ten minute's walk
wait for five minutes	take fifteen minutes
how to get to Shibuya	next stop
fast train / rapid train	local train
catch the train	miss the train
the bus is delayed	take the wrong train
from here to Nagoya	look at the time schedule
the fare to Sakae	

ツボ 14 表現力を高める語彙指導

●課題

「教科書の内容を膨らませて，自己表現させたい」「教科書の内容を自分自身のことばで表現させたい」。このような願いをもって授業を仕組むわけであるが，なかなか本文を理解して，なおかつ読み取ったことについて自分の感想や考えなどを表現させることは難しい。英語でディベート等を実施しようとするとなお一層困難さが増す。では，どのように指導すれば上述の願いに迫ることができるのであろうか。

●視点

まずは，ジャンル別指導に取り組むことである。説明文のような文章であれば，topic sentence や concluding sentence を中心に趣旨をまとめ，自分の知識や体験を基に，考えたことや意見を表現するとよい。また，物語文であれば，主人公の性格を説明する言葉や，感情や気持ちを表す言葉を初期の段階から指導し，さまざまな表現語彙を高めておくと良い。

①感情を表すことば
　happy, sad, relaxed, glad, exhausted, nervous, confused, unhappy, lonely, angry, embarrassed, scared, be fond of
②人の性格を表すことば
　kind, brave, patient, serious, warm-hearted, honest, high-spirited, bright, kind, funny, interesting, strict
③人や物の見た目などを説明することば
　tall, short, new, old, hard, soft, big, small, beautiful
④意見や感想を述べることば
　I think ~. I understand ~. I believe ~. I agree ~.
　must (have to), should (not), can, may

●実践例

　以下は中学校3年生に，環境問題を扱った文章を読んだ後に，その感想を書かせた実践例である。次の語彙や表現を用意して，表現力を高める。

①地球の状態を表現できることば
　beautiful, dirty, sick, healthy
②地球の状況を表すことば
　The earth is crying. / The earth needs clean air and fresh water.
③「〜すべきではない」と提言することば
　We should not destroy the forest any more.
　We should not throw trash on the streets.
④「〜すべきである」と主張することば
　We should build eco-friendly houses. / We should stop cutting trees.

　そして，topic sentence となる自分の意見を考えさせ，supporting sentence, concluding sentence と，その事例を付加して理由や関連する事項を記し，結論を提示するような順序で文章を書く指導をする。以下は実際に生徒が書いた感想文である。

　I think the earth is sick now because the earth is losing nature little by little. The earth needs the healthy nature.

　The healthy nature produces many things. For example, it produces fresh air. It produces good plants and rich foods too. But people made a bad environment. We are killing ourselves.

　People will feel sad about the sick earth someday. The earth is crying now. We have to stop the tears of the earth. And we have to save the earth.

　1年生の段階から計画的に指導をすれば，3年生でレベルの高い表現活動ができるようになる。是非，実践していただきたい。

参考文献
青木昭六（1984）『英語教育ノウハウ講座・学校英語の到達点』開隆堂出版

文法指導

ツボ15〜22

ツボ 15 文生成を意図した小学校の外国語活動

●課題
　小学校の外国語活動は，コミュニケーション能力の素地を培うことにある。その素地については学習指導要領に記されているが，文部科学省指定の特区では英語科として教育課程に組み込まれていたり，中学校との連携を意図した言語活動中心の授業が展開されたりしている。『Hi, friends!』を使用せずに，コミュニケーションの積極的な態度やコミュニケーション能力の素地が養える活動はあるのであろうか。

●視点
　小学校の外国語活動を概観すると大きく3つの方向性がある。
　1つ目は，コミュニケーション能力の基礎づくりのための活動であること。様々な場面でのコミュニケーションの体験を通して，積極的なコミュニケーションへの態度を育成し，英語の音声や表現に慣れ親しむ。2つ目には，自己表現を重視した活動であること。自分のことについての英語表現，身振り，記号，絵などを使用した自己表現を通して，英語に慣れ親しみ，コミュニケーション能力の素地を培う。3つ目は，外国語活動を通して，国際理解に焦点を置きながら，自国の文化を表現し，他国の文化を理解していく活動であること。この3つの中で，1つ目が学習指導要領上，5，6年生で行われる外国語活動（英語活動）である。
　ここでは，平成14，15年度に筆者が教材を作成し，岐阜県本巣郡巣南町の3つの小学校で取り組んだ英語活動を紹介する。

●実践例
　巣南町の小学校英語活動の基本的な考え方は，以下の通りである。

・児童が中心となり，英語が頻繁に飛び交う活動にする。
・教師が活動の場面や話題を考え，ある程度コントロールした状況の中

文法指導●ツボ15

で，児童が英語を話せた喜びを感受できるようにする。
・中学校への橋渡しとして，中学校のコミュニケーション活動を念頭に入れて授業を仕組む。
・小学校での活動では名詞の習得数は多いが，動詞は名詞に比べると極端に少ない。動詞こそ大切であり，その習得こそが中学校の橋渡しとしての英語の基礎であると考え，動詞の教え方等に配慮する。
・英語の発話量を増やし，単語1語ではなく意味ある文の発話ができるよう育成する。
・児童が自由に動き回り活動することも大切であるが，できる限り指定したペアでの活動を重視する。学校教育の中で，苦手な相手とも対話することは教育的な意義があり，これこそがコミュニケーション活動重視の英語教育である。
・言語の創造性を取り入れ，英語でも基礎基本の能力を活用する能力を育成する。
・教授材（パワーポイントのように教師が主に使用する教材）や学習材（ワークシートのように生徒が使用する教材）を用意して，児童が自分で英語を話せる機会を増やす。特に，週1時間の英語活動の時間では児童が持参する学習材に力を入れる。
・英語活動の授業を参観すると，全体としては活発であるが，下位児童の中には全く活動をしていない児童を目にする。クラスの誰が活動できていないかを適切に把握することが必要である。そうしないと，上位の子との学力差がついてしまい，英語嫌いの児童を生み出すことになる。
・ドリル練習などで，例えリンゴが嫌いな児童がいたとしても関係なく"I like apples."と言わせていることがある。自分について本当のことを言えることが，"I"の意味でもあることを教えることが基礎である。
・ALTや英語担当の教員がいなくても，また，大がかりな英語の授業の準備をしなくても担任の先生一人で授業が成立するカリキュラムを作成する。

以上の課題に応えるために次のような教材（岐阜県単南町国際理解教育会，2003）を作成した。6年生用の活動で，「飲み物と食べ物についてチャットしよう」というテーマの，3時間分の学習材（学習シート）である。

【図 15.1　第 1 時限】

Chat Activities 3-1
飲み物と食べ物についてチャットしよう。①　　Do you drink/eat [Drinks/Foods] every day?
1. Basic Chat（基本的なチャット）

 MILK	A: 牛乳毎日飲む？ B: 飲むよ　　　B: 飲まないよ

2. Let's try!（○, X を記入しよう）

Name	自分	相手	自分	相手	自分	相手	自分	相手	自分	相手
1 										
2 										
3 										
4 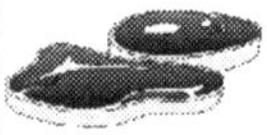										
5 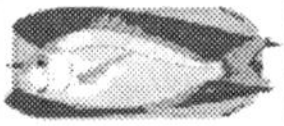										
6 										
7 										

3. Class Presentation 発表しよう
＊Basic Chat
A. Do you drink milk every day?　B: Yes, I do. / No, I don't.

※ Basic Chat, Model Chat は教師用に書かれた英語であり，児童が読むわけではありません。

【図 15.2　第 2 時限】

Chat Activities 3-2

飲み物と食べ物についてチャットしよう。②　　　I drink / don't drink [Ddrink/Food] every day.

1. Basic Chat（基本的なチャット）

	A:私（僕）牛乳毎日飲むよ。	A:私（僕）牛乳毎日飲むよ。
	B:私（僕）も毎日飲むよ。	B:私（僕）は毎日飲まないよ。
	A:私（僕）牛乳毎日飲まないよ。	A:私（僕）牛乳毎日飲まないよ。
	B:私（僕）も毎日飲まないよ。	B:私（僕）は毎日飲むよ。

2. Let's try!（○, ×を記入しよう）

	Name	自分	相手	自分	相手	自分	相手	自分	相手	自分	相手
1											
2											
3											
4											
5											
6											
7											

3. Class Presentation 発表しよう

* Basic Chat

A: I drink milk every day.	A: I don't drink milk every day.
B: I drink milk every day, too.	B: I don't drink milk every day, either.
A: I drink milk every day.	A: I don't drink milk every day.
B: I don't drink milk every day.	B: I drink milk every day.

【図15.3 第3時限】

Chat Activities 3-3　　　　　　　　　　　　　( ) Grade　Name (　　　　　　)
飲み物と食べ物についてチャットしよう。③　　What [Food/Drink] do you eat/drink every day?

1. Basic Chat (基本的なチャット)

A: 牛乳毎日飲む?	A: 牛乳毎日飲む?
B: 飲むよ。	B: 飲まないよ。
大好きだよ。	A. 何を毎日飲む?
	B: 日本茶を毎日飲むよ。

ペアーで点検 (役割A, B, 点検○印)

2. Model Chat (よく聞いて参考にしよう)　　担任の先生とALTの対話

よくわかれば○、だいたいわかれば△、まったくわからなければ X

1回目	2回目	3回目

3. Pair-Chat (ペアーのチャット)　　もっとチャットしたいことあるかな

何回も大きな声でおしゃべりしよう。

4. Chat Time (4人のグループになろう)

各グループでペアーの発表を聞こう。
Chat した人を評価してよいところを見つけよう。

5. Presentation (クラスへ発表しよう)

例	ペアーの名前			
まき & けん	&	&	&	&

*Basic Chat
A. Do you drink milk every day?　　　　　　B: Yes, I do. I drink it every day..
A. Do you drink milk every day?　　　　　　B: No, I don't.
A: What drinks do you drink every day?　　B: I drink Japanese tea every day.

*Model Chat
A: Do you drink coffee every day?　　　　　A. Do you drink Japanese tea every day?
B: No, I don't.　　　　　　　　　　　　　　B: Yes, I do. I drink it every day.
A: Do you drink juice every day?　　　　　　A. Do you drink coffee every day?
B: No, I don't.　　　　　　　　　　　　　　B: No, I don't. But I drink English tea very often.
A: What drinks do you drink every day?
B: I drink milk every day.

*Pair Chat　　Japanese tea, English tea, coffee, juice, meat, fish, bread, rice, fruit.

-9-

参考文献

岐阜県巣南町国際理解教育会 (2003)『巣南の小学校英語活動』

ツボ 16　文の機能の導入

●課題
「文の働き」や「文の機能」(function) ということばが学習指導要領やその解説でも頻繁に使われるようになった。どの教科書も，文法を中心としながら，場面やトピックを重視したシラバス・デザインになっているが，この「文の働き（機能）」を教えるには，具体的にどのようにしたらよいのであろうか。

●視点
一般的に「文」には2つの意味がある。言語形式が伝える命題的な意味，すなわち文字通りの意味（literal meaning）と，社会的目的が表現される機能的な意味（functional meaning）である。（実際は，もう一つ「音調や叙法に現れる話者の心的態度をもたらす意味」があるが，これは頻繁に起こることではないので割愛する。）今までの英語教育では前者が主であったが，伝達重視の英語教育が叫ばれるようになって，後者が導入されるようになった。例えば，内容理解の活動のひとつをとっても，「この文の意味は何か。日本語に訳しなさい。」という質問ではなく，「この文によって，話者は相手に何を伝えようとしているのか。」と発問する。また，表現活動の場面では「日本語を英語になおしなさい。」ではなく，「～ことを言いたい時，あなたはどのように表現しますか。」という質問をすると，文の機能の指導になる。

●実践例
1. 内容理解を中心とした活動

ここでは，文の働き（機能）を理解してもらうために，簡単な英語の対話を用意する。『NEW CROWN English Series 2』の We're Talking を例にとる。

> Paul: I like this shirt. But it's a little expensive.
> Clerk: I see. We also have this style.
> Paul: Cool. But it's too large.
> Clerk: How about this? This is your size.
> Paul: Perfect. I'll take it.

　この対話文に，文の働きという面からアプローチしてみる。
　Paul の "But it's a little expensive." や "But it's too large." は英文のそのままの意味をとれば，商品が少し高いことやサイズが合わないことを述べている。しかし文の機能としては，「苦情を言う」機能を果たしている。「苦情」というと少し言い過ぎかもしれないが，自分の求めているものと違うことを伝え，より自分が望むものに近いものを求めているわけである。それに対する，Clerk の "We also have this style." や "How about this?" という返答は，「相手に提案する」機能を持っている。以上のことを踏まえると上の本文は次のように表現することも可能である。

> Paul: This shirt is my favorite. But the price is a little high. Please show me another one.
> Clerk: Sure. How about this style?
> Paul: Great. But it doesn't fit me well.
> Clerk: How about this one? This size is yours.
> Paul: Fantastic. I'll buy it.

このように書き換えの英文を見れば，より文の機能を理解しやすくなる。

2. 表現活動

　基本的な考え方は，書かせたい英文を1つに限定するのではなく，話者の意図することを既習の限られた文型・文法事項あるいは語彙を駆使して，表現させることである。
　例えば，「『あなたの趣味は何ですか』という文を英語で表現しなさい」という質問をすれば，"What is your hobby?" という答えがおそらく求められるが，「相手の人に趣味を尋ねたい時，あなたはどのように表現しますか」と問うと，答えはいくつか考えられる。

> What's your hobby? / What are you interested in? / What do you usually do in your free time? / May I ask your hobby?

また,「金華山の麓には美しい公園がある」を英文にする場合にも,次のように様々な表現ができる。

> There is a beautiful park at the foot of Mt. Kinka.
> We have a beautiful park at the foot of Mt. Kinka.
> You can see a beautiful park at the foot of Mt. Kinka.
> Gifu has a beautiful park at the foot of Mt. Kinka.

「野球の試合は8時に始まる」という時も,いろいろな表現がある。

> The baseball game begins at eight.
> We start the baseball game at eight.
> We will have the baseball game at eight.
> You can watch the baseball game at eight.

　今までのテストでは,「同じ意味の英文に書き換えなさい」という類の出題があったが,そうではなく,文の働きを考慮して多様に表現させることが,生徒のコミュニケーション能力を育成するために必要である。
　最後に,教室で「隣同士喋っている生徒に注意したい時,どのように言うか」と出題したら,次のような答えはどれも正解である。

> Be quiet. / Attention, please. / Ladies and gentlemen. / What are you doing?

注意を促す表現であるならば,どの表現でも良いわけである。

参考文献
D.A. Wilkins. (1976). *Notional Syllabuses.* Oxford : Oxford University Press.
後藤信義(1990)「機能の導入」青木昭六(編)『英語授業事例辞典』大修館書店

ツボ 17　無生物主語に慣れる

●課題

"How old are you?" を教えても，それを "How old is your school?（この学校は創立何年ですか）" のように一般化できず，"When was your school established?" というような表現になりがちである。

このように，限られた語彙や表現を駆使して，より多くのことを表現するためには，ヒト以外のものを主語にする表現が大切である。このような無生物を主語にする表現はどのように指導をすればよいだろうか。

●視点

例えば "work" を「働く」という意味で教えることは基本ではあるが，これを一語一義として教えないことである。パソコンがうまく動かないときに "This one doesn't work well." といった使い方も適宜指導することが大切である。また，"This classroom has a lot of student teachers today." と言って教育実習生を迎えるなど，教師が意識的に無生物主語の表現を使用し，生徒に慣れさせることである。

●実践例

〈1年生レベルの指導〉

"How old are you?", "How old is your sister?" を教えた後，次のような例を示して，表現の幅を広げる。

How old is your school?	It is 50 years old.
How old is this cake?	It is 5 days old.
How old is this picture?	It is 20 years old.
How old is your house?	It is 10 years old.

＜2年生レベルの指導＞

中学校2年生になれば，無生物主語を使わざるを得ない言語材料や題材が出てくる。そのようなときには，比較的簡単な既習語で提示する。次は無生物主語の例文である。

What does the word mean? It means 〜.
What does the newspaper say? It says 〜.
This machine works well.
The size doesn't matter.
The traffic can't move because of the snow.
The bus was caught in a traffic jam.
Talking with my friends makes me happy.
These clothes look a litte old now.
The letter has just arrived.
The river runs through big cities.
School begins at eight thirty.
Some books tell us that 〜.
Figure 3 shows some answers to the questions.
The world needs to come together.
Tears came down my cheek.
The weather will stay fine.
My school had its sports day.

ツボ 18　機械的な練習から脱した文法指導

●課題
　パターンプラックティスのような機械的なドリル中心の授業はしたくはない。しかし，ドリルをしないと文型文法事項の定着を図ることは難しい。特に遅れがちな生徒にはどうしても，繰り返し練習をさせてやりたい。どうすれば，コミュニカティブな活動に近い練習を仕組むことができるだろうか。

●視点
　ある程度コントロールされた状況の中で生徒が自主的，意欲的に活動できる教材を用意することが必要である。そのためにはまず，基本となる英文の形を教える。文型や文法事項は，演繹的，帰納的な方法のいずれであろうと教えなくてはならない。語彙も同様である。そして，それらを活用して，生徒が英文をつくる活動を仕組めば，機械的な活動ではなくなる。

●実践例
　中学校2年生向けに作成した教材（後藤・井村，1985）の一部を紹介する。文型・文法事項としては，「未来形」の指導である。

① Word Bank：9枚の絵が示す語彙を覚える。絵の下に1から9まで番号がふられているが，絵だけを見て言えるようにする。
② Focal Point：学習する文型文法事項の基本形を覚える。
③ Sentence Practice：②で学習した文の構造と，①で覚えた語彙を使って英文を創り出す。絵だけを見て口頭で英語を言い，正しく言えたかどうか確認する。（基本的に，口頭で言えればそれで十分であるため，書くことには言及しない。）

文法指導●ツボ18

【図18.1 ①Word Bank】

【図 18.2 ② Focal Point】

3 Focal Point

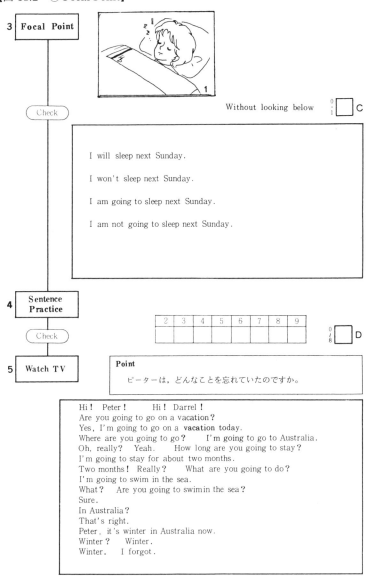

Check Without looking below C

I will sleep next Sunday.

I won't sleep next Sunday.

I am going to sleep next Sunday.

I am not going to sleep next Sunday.

4 Sentence Practice

Check

2	3	4	5	6	7	8	9

D

5 Watch TV

Point
ピーターは，どんなことを忘れていたのですか。

Hi! Peter!　　Hi! Darrel!
Are you going to go on a vacation?
Yes, I'm going to go on a **vacation** today.
Where are you going to go?　　I'm going to go to Australia.
Oh, really?　Yeah.　　How long are you going to stay?
I'm going to stay for about two months.
Two months! Really?　　What are you going to do?
I'm going to swim in the sea.
What?　Are you going to swim in the sea?
Sure.
In Australia?
That's right.
Peter, it's winter in Australia now.
Winter?　Winter.
Winter.　I forgot.

文法指導 ● ツボ18

【図 18.3　③ Sentence Practice】

参考文献

後藤信義，井村晃（1985）「充実した言語活動を生み出す授業づくり」『岐阜大学附属
　　中学校研究報告』岐阜大学附属中学校

ツボ 19 　五感の動詞で感情表現を豊かに

●課題
　コミュニケーションは何のためにするのかを考えると，思いや考えに加え，感情や情緒を伝えることも大きな役割である。そのためには，感情を表す言葉を多く教え，即興性のある指導になるよう工夫したい。

●視点
　まずは，視覚，聴覚，嗅覚，触覚，味覚の五感を表す動詞の使い方を指導する。それぞれ，look, hear, smell, feel, taste が代表である。そして，これらの動詞の後には様々な形容詞がつくことを指導したい。

---
look →　　look happy, look sad, look excited, look nervous

　その際，「どうしたの？」という表現を一緒に教え，上記の動詞がどのような場面で使われるのかを理解しやすくするとよい。

A: You look happy. What's up?（もしくは What happened?）
B: My friend gave me a present.

　さらに，具体的な場面を提示し，その時に起こりそうなことを想像させながら対話をさせる。とりわけ，感情表現を指導するには，場面の提示が大切である。

●実践例
　ここでは『NEW CROWN English Series 2』の Lesson 6 Ratna Talks about India で扱われる基本文の "You look happy." の指導を主に紹介する。なお，この例文等は陽南中学校の高木あや教諭の授業を参考に作成している。

> [At the concert]
> A: You look excited. What's up?
> B: I saw AKB48. So I feel excited and happy.

叙述文として "I feel excited when I see AKB 48." と言わせてもよい。

> [At night]
> A: You look excited. What's up?
> B: I see a lot of shooting stars.

> [In the morning]
> A: You don't look well. What's the matter?
> B: I had a fever. I didn't sleep well last night.

口頭でのコミュニケーション能力の育成というと，task-oriented な活動を思い浮かべがちであるが，生徒の創造に任せる活動を仕組むことも重要である。ここで大切なのは，できる限り即興性を保つことである。

さらに，look, sound, smell, feel, taste に使える形容詞を与え，表現の幅を広げることも必要である。feel は触覚だけでなく人が感じることの一般を指しているが，他の動詞はそれぞれの器官で感じたことをより適切に表現する方法として記憶させたい。

また，これらの動詞に like をつけることで，「〜のように，見える，聞こえる，香りがする，感じる，味がする」等と表現できることをまとめて指導し，記憶させておくと応用が利く。

> look like a fire fighter, feel like dancing, sound like a true story, smell like a watermelon, taste like chocolate

参考文献
高木あや（2012）「英語2学年学習指導案」陽南中学校発表会

ツボ 20　現在完了形（完了）の指導

●課題
　現在完了形を指導する際，経験や継続の用法は比較的簡単であるが，完了の用法は難しい。それは，完了形というかたちが日本語にないことにも起因するが，とりわけ，現在完了形の完了の「今〜してしまったところである」というイメージが描きにくいところにある。機械的な練習ではなく，現在完了形の構造を理解し，表現できる練習教材はないであろうか。

●視点
　現在完了形を理解させるために，絵を用いて，完了形のかたちの習得を図ることがまず大切である。次に，ある行動をとっている最中（現在進行形）の場面と，その行動が終了した（完了形）場面の絵を使った活動を行う。

●実践例
　現在完了形の完了（「ちょうどしたところである」）を絵で表現した。これを用いて，まず，上の絵では進行形，下の絵では完了形の練習をする。この際，教師はチャンクのみを与え，生徒の文生成能力に任せることが大切である。

A: What is Haruo doing now?（絵 1 を見て）
B: He is writing a letter.
A: Is he still writing a letter?（絵 2 を見て）
B: No, he isn't. He has just written a letter.
A: What is Kaori doing now?（絵 19 を見て）
B: She is drawing a picture.
A: Is she still drawing a picture?（絵 20 を見て）
B: No, she isn't. She has just drawn a picture.

【図20.1 現在完了形（完了）の教材（後藤・井村，1988）】

1 Haruo	3 Keiko	5 Jiro	7 Taro	9 Ken
2	4	6	8	10
11 Emi	13 Akio	15 Akiko	17 Yoshio	19 Kaori
12	14	16	18	20

```
1. write a letter       3. wash the dishes     5. wash a bicycle
7. eat school lunch     9. wash a car         11. make a doll
13. make a dog house   15. make a cake
17. make a model car   19. paint a picture
```

参考文献

後藤信義，井村晃（1988）『岐阜大学附属中学校研究報告』岐阜大学附属中学校

ツボ 21 誤答を表現活動につなげる後置修飾の指導

●課題

後置修飾は，コミュニケーション活動を重視する指導の中で教えるのがやっかいな文法事項である。結局名詞の後ろに置かれた句や節が，前の名詞を修飾すると説明し，理解中心に指導されることが多い。しかし，後置修飾は日本語と異なり英語という言語がもつ大きな特徴の一つであるため，理解活動に留まらず表現活動まで到達させたい。

●視点

後置修飾を全く知らない生徒は，必ず最初は間違える。その間違いを尊重し，それを起点にして授業を展開すれば，比較的簡単に習得できる。そのためには，間違いが起こりやすい状況を設定し，そこで生徒がつくり出す英文を参考にして指導することである。

●実践例

1. 実践①

右の絵を見て答えさせる。

【図 21.1 机のイラスト（後藤，1985）】

```
T: Where is a small hat?
S: It's on the desk.
T: Where is a big hat?
S: It's under the table.
```

これは既習の学習事項であるため、ほぼ全員の生徒が理解できる。続いて次の質問をする。

> T: Which hat is bigger?

生徒たちは様々な反応をする。私が実践した時は以下の回答が出た。

> ・Under the table.　　・Under the table hat.
> ・It is under the table.　　・The hat under the table.
> ・It is under the table bigger than on the table.
> ・Under the table is bigger than on the table.
> ・Under the table hat is bigger than on the table hat.
> ・There is the hat under the table.
> ・The hat under the table is bigger.（正解）

これらの誤答から言えることは、生徒は生徒なりに、質問に英語で何とか答えようとして文をつくるのである。日本語の語順で考えている生徒もいれば、英語的な発想の生徒もいる。"Under the table hat."と自分で表現しておいて、クラスの他の生徒の意見を聞きながら、"table hat"は何かおかしいと首をかしげる生徒もいる。この言語感覚は大切である。

なお、この授業では質問の答えとして、生徒の回答を踏まえ、次の英文を指導した。

> The hat under the table is bigger than the hat(one) on the table.

2. 実践②

2つの絵を活用して、SF Production（藤掛, 1976）を参考に、現在分詞や過去分詞の後置修飾を指導した。次の図21.2は、ある犬を色で指定し、それに該当する犬を説明する文をつくらせる活動に使う。この際、修飾語を付け加えて表現しないと、的確に該当の犬を指摘できない状況をつくる必要があるため、それぞれの犬に異なる行動をとらせている。

【図 21.2　後置修飾の教材①】

T: Which dog is blue?
S: The dog watching TV is blue.
T: Which dog is black?
S: The dog riding a camel is black.
T: Which dog is black and white?
S: The dog digging a hole is black and white.

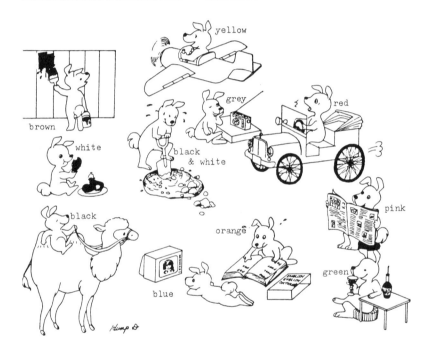

なお，この絵で使用しているチャンクは，以下の通りである。

paint a fence, eat an eggplant, ride a camel, fly an airplane, dig a hole, watch TV, listen to the radio, drive a car, use a dictionary, read a newspaper, drink juice

文法指導●ツボ21

　過去分詞の後置修飾は図21.3を使う。これも，どうしても後置修飾を使わないと表現できない状況をつくることは前述と同じである。具体的には次のようである。

【図21.3　後置修飾の教材②】

T: Which fence is low?
S: The fence painted by a brown dog is low.
T: Which car is new?
S: The car driven by a pink dog is new.
T: Which dictionary is thick?
S: The dictionary used by a green dog is thick.

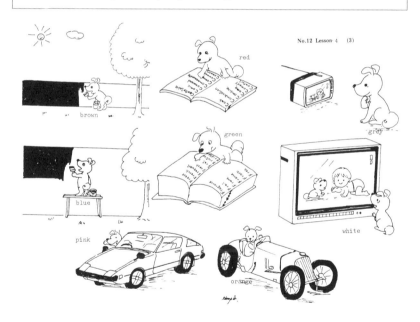

参考文献
後藤信義著（1985）「名詞後置修飾の指導」『現代英語教育』研究社

ツボ 22 コミュニカティブな関係代名詞の指導

●課題

関係代名詞には，制限的用法と非制限的用法があるが，中学校では制限的な用法を教える。かつては，2文を1文にするような指導をしていたが，最近の教科書では，そのような指導を例示していない。例えば，20年ほどの前の教科書では，次のように例示をしていた。

> *I have a book. It is about a bear.*
> I have a book that is about a bear.

しかし，最近では，以下のような例示がされている。

>   *a book*
> I have a book that is fun for children.

2文を1文にするやり方は，本来の関係代名詞の働きを考慮してない機械的な指導方法である。実際は，どうしても関係代名詞を用いないと適切に表現できない時に使用するのである。では，どのように指導したら良いのだろうか。

●視点

関係代名詞の指導では，次のことを理解させることが難しい。

①先行詞が人，物，動物かにより，使い分けをしなければならない。
②主格，所有格，目的格の使い分けをしなければならない。
③人称，数において，その先行詞と一致させなければならない。
④先行詞によっては，that を使わなければならない。

経験則で言うと，制限的用法では後置修飾の一つとして，どのような場面で使われるかという点を中心に教えた方が習得は早い。また，絵を活用すれば，目的格の省略や関係代名詞を強調して言わなくても良いことも自然と身につく。

●実践例

　ここでは，インフォメーションギャップを用いた実践を試みる。次のページの図22.1の色が書いてあるカードと，色を消したカードを用意し，ペアにそれぞれ渡す。犬の絵だけが描かれたものをもっている生徒が，"Which dog is yellow?" と相手に尋ねる。"The dog which has big ears (is yellow)." と答えが返ってくれば，その犬を黄色に塗る。このように，相手の情報を手に入れて，全ての犬に色を塗る。

> A: Which dog is green?
> B: The dog which has a big nose (is green).
> A: Which dog is violet?
> B: The dog which has a long tail (is violet).

　さらに，関係代名詞のwhoを教えるには，図22.2を使い，それぞれ特徴ある6人を区別させる活動をする。ここでは，描写を的確に表現することを求める。

> A: Who is short?
> B: The boy who is wearing a scarf (is short).
> A: Who is short-legged?
> B: The boy who is wearing shorts (is short-legged).
> A: Who is the tallest boy?
> D: The boy who is wearing a hat (is the tallest).

　これらの犬や人物の絵を活用した言語活動は，現実離れしすぎているのではないかという疑問を持たれるかと思う。しかし，場面はともかく，生徒自身が関係代名詞の必要性を感じながら英文をつくっていることに意味がある。

【図 22.1　関係代名詞の教材①（後藤，1984）】

【図 22.2　関係代名詞の教材②（後藤，1984）】

参考文献

後藤信義（1984）「関係代名詞の指導」『英語教育』大修館書店
高橋貞雄ほか（2012）『NEW CROWN English Series 3』三省堂

音声指導／文字指導

ツボ23〜25

ツボ 23 音声指導から文字指導へ

●課題

小学校では，コミュニケーション活動を通して音声に慣れ親しむ活動が中心となっている。この音声指導でどんなことを大切にするのか，また，音声と文字をどのように配慮して指導すべきなのだろうか。また，中学校への指導の連携はいかになされるべきであろうか。

●視点

小学校の外国語活動や英語の授業の多くは学級担任が行う。学習指導要領の目標がコミュニケーション能力の素地を養うことであるため，発音については特別神経質になる必要はない。ただ，ALTがいるときは，できる限り自然なアクセント，イントネーションの音に慣れさせたい。特に，多くの日本人はどうしても一語一語発音してしまうため，文の中の区切りに注意するとよい。例えば，"send a message"，"sentimental"はネイティブが発音すると，ほとんど同じ長さで発せられる。しかし，これをカタカナ読みすると「センド　ア　メッセージ」となり，「センチメンタル」とは全く異なる長さの発音とアクセントの位置になる。子どもだけではなく，教師にとっても難しいことであるが，この違いはしっかりと認識したい。子どもは，文字を見て発音するわけではないので，むやみやたらにゆっくり発音せずに，自然なスピードと発音を耳から学べることが大切である。

●実践例

音声から覚えた児童は文字に触れると戸惑うことが多い。これは当然のことで，英語の場合，音と文字の綴りは必ずしも一致しないことに起因する。また，単語レベルではある程度，絵と単語の文字がマッチングできても，文章レベルでは困難な場合がある。

例えば，"Do you have a brother?"は「デュー(ユ)／ハバ／ブラザー」

と3つに分かれると認識している児童がいる。つまり，"do you"と"have a"は1つの単語として認識しているのである。これは，コミュニケーションの時の音声の認識としては評価できるが，ここでとどまっていては，統語規則の操作能力を伸ばす中学校段階への移行は難しい。音の記憶だけでは，発展性がないのである。やはり"Do you have a brother?"と文字化し，"Do you", "have a"は単語が2語で成り立っていることを認識しなければ，次への発展は期待できない。

中学校の英語の教科書，『NEW CROWN English Series 1』に次のようなSOUNDSの練習がある。

●英語らしい音づくり
左の単語と同じリズムを持つ文を右の中から選んで，線で結ぼう。次に，結んだ文を同じ速さで読めるように，ペアで練習しよう。

English (Eng・lish)	・	・	What's your name?
Japan (Ja・pan)	・	・	I like it.
afternoon (af・ter・noon)	・	・	Practice with him.
September (Sep・tem・ber)	・	・	Thank you.
January (Jan・u・a・ry)	・	・	He's Paul

この活動は，文字から英語を覚えた者にとって難しい課題だが，音を聞いて耳から理解している生徒にとっては，さほど困難ではない。

日本語は「ダダダ」と，一語ずつ同じアクセントでクリアに発音する言語と言われる。一方，英語は「ダ，ダ，ダダ」のように，特定の音にアクセントがつく言語である。小学校で英語の音に慣れ親しんできていることを充分踏まえた上で，上記のような活動を通して，感覚で捉えた発音やリズムをより確かなものにし，文字言語として文法や表現形式への気づきが高まるよう指導したい。耳から覚えた表現の，語と語のつながりや文の組み立てなどが文字によって可視化されることで定着が促進される。

単語内の文字レベルの音声を指導するには，小学校で覚えてきた単語を使って指導をするとよい。以下はその例である。

①小学校で学習した果物の名前を英語で言わせる。
　例：apple, watermelon, pear, cherry, banana, grapes ...

②クラス全員で，正しい発音で，上記の英語を口頭で言ってみる。
③次に，英語の文字を見せ，発音を推測して読ませる。（この際，教師から読み方を指導しない。）
④読める単語と読めない単語をそれぞれ確認する。

watermelon，mushroom などの長い単語は，意外と早く読めるようになる。5文字や4文字の単語より長い単語の方が早く読めるのは，発音が長ければ，文字も長いであろうという子どもの類推能力が働くからである。

なお，果物に限らず，野菜，動物，色，スポーツなど，小学校で慣れ親しんでいる単語であれば何でもよい。以下は単語の例である。

野　菜	onion, potato, corn, cucumber, cabbage, tomato, carrot, pumpkin, mushroom
動　物	monkey, cat, panda, koala, tiger, bird, mouse, fish, bear, rabbit, horse, duck, cow
色	red, green, blue, yellow, brown, black, pink, white, gold, orange, purple
スポーツ	basketball, tennis, volleyball, baseball, soccer dodge ball, swimming, running

参考文献
高橋貞雄ほか（2012）『NEW CROWN English Series 1』三省堂

音声指導／文字指導 ● ツボ24

ツボ24 ローマ字からはじめる文字指導

●課題

　ローマ字を学習することが英語の文字（アルファベット）の習得の助けとなるかどうかは議論の余地がある。経験則から言うと，認知力の優れた生徒は，ローマ字から始めてもアルファベットから始めても大きな差異はないが，習熟が遅い児童にとってはローマ字の学習は必須である。理論的にも，英語のアルファベット指導にローマ字の果たす役割の効用について，広範なデータを基にすでに実証的に確かめられている（山田：1988）。ローマ字から英語の綴りへと，どのように橋渡しをすればよいであろうか。

●視点

　ローマ字は小学校3年生で学習する。しかし，本来の導入の趣旨は，「日本語が母音，子音＋母音でできていること」を認識させ，コンピュータの文字入力等へ活用させるための導入である。したがって，英語のアルファベットや文字指導の一助のための導入ではない。そのため，まずは，全てのローマ字を読めるようシステマティックに指導する。次に，県名や日常生活で触れる Sony, Sharp, Honda のような言葉に親しみ，最後に，口頭で覚えた英語と文字を一致させるとよい。

●実践例

　ここに示す例は，筆者が瑞穂市小中学校英語研究会で作成したものである。システマティックに学習できるように考案してあるが，紙面の都合で一部だけの紹介とする。基本的な考え方や指導は次のようである。

1. ローマ字を導入する

　"a i u e o" の母音が読めるようになったら，それを "ga gi gu ge go" のように子音と結びつけて，ローマ字を予想して読めるようにする。1

回読めればそれで学習完了となる，基本的な練習である。

2. ローマ字で読む（図24.1）

次に，英語表示された日本語を読む。ローマ字表記の単語は全て，読めれば意味が分かるものばかりである。読んで「意味がわかること」を児童が体験できる絶好の機会である。

その際，最初のうちは，「・」を文字の間に入れて，どの児童も読めるようにする。「子音＋母音」の構造が理解できないとローマ字が読めないからである。

3. 濁音や半濁音を取り入れる

"ja ji ju je jo", "pha phi phu phe pho" 等もローマ字にはないが英語への橋渡しとして導入する。これらの読み方は，児童にとっては難解ではあるが，英語の綴りを読む前段階としては非常に大切である。

4. 都道府県をローマ字で読む

ローマ字表記が読めるようになった後，全国の県名をヘボン式で読めるようにする。今次学習指導要領の小学校社会科では県名を覚えることは必須事項であるため，白地図に書かせても良い。

なお，岐阜はGifuと表記するが，訓令式のローマ字ではGihuとも書ける。また，Hokkaidoのように，促音「っ」は子音を重ねる表記である。訓令式との違いと，ヘボン式の特徴も併せて指導すると良い。

5. 身近な英語を読む（図24.2）

英語の綴りを扱う際は，子どもが実生活で目にし，読めば意味が分かる言葉を例示する。実践して感じることは，Sony, Sharpなどはいとも簡単に読んでしまう。これ以外のものも，ある程度の語彙を類型化し，フォニックスなども活用すれば読めるようになる。中でも英単語になっているTyphoonが読めれば，英語の音声指導へとつなげられる。

参考文献
山田純ほか（1988）『英語学力差はどこから生じるか』大修館書店
英語に親しむ会（2003）『ローマ字から英語へ』瑞穂市教育委員会

音声指導／文字指導 ● ツボ24

【図 24.1　ローマ字の教材①（英語に親しむ会，2003）】

ローマ字を読もう 7

①	a	i	u	e	o
②	ga	gi	gu	ge	go
③	za	zi (ji)	zu	ze	zo
④	da	zi (ji)	zu	de	do
⑤	ba	bi	bu	be	bo
⑥	pa	pi	pu	pe	po

1	go・za	pa・n・da	sa・bi	za・bu・to・n
2	ka・ze	ga・i・ko・ku	bu・ta	de・n・wa
3	do・ro	ku・ji	de・n・ki	sa・n・po
4	ba・tsu	ko・ba・n	ba・n・ke・n	be・n・to・u
5	pi・a・no	ka・bi・n	shi・n・pi・n	ji・zo・u
6	za・se・ki	za・ze・n	da・i・ri	da・ru・ma
7	do・u・gu	ji・ke・n	ji・ko	shi・ga・tu
8	ta・ba	ta・be・ru	da・n・go	ta・n・po・po
9	ta・bi	go・i・shi	ge・ki	te・n・gu
10	do・jo・u	ge・n・ki	bu・n・ka	jo・u・ro

87

【図 24.2 ローマ字の教材②(英語に親しむ会, 2003)】

目にする次の文字が読めるかな

次のローマ字を読もう。読めたら、英語が読めるよ。すべて英語に入っている言葉です。

	読めるかな	点検					読めるかな	点検			
		1	2	3	4			1	2	3	4
1	Sony					26	SONY				
2	Toshiba					27	TOSHIBA				
3	Sanyo					28	SANYO				
4	Hitachi					29	HITACHI				
5	Sharp					30	SHARP				
6	Suzuki					31	SUZUKI				
7	Nintendo					32	NINTENDO				
8	Toyota					33	TOYOTA				
9	Honda					34	HONDA				
10	Nissan					35	NISSAN				
11	Mitsubishi					36	MITSUBISHI				
12	Sushi					37	SUSHI				
13	Teriyaki					38	TERIYAKI				
14	Tofu					39	TOFU				
15	Teppanyaki					40	TEPPANYAKI				
16	Ramen					41	RAMEN				
17	Sukiyaki					42	SUKIYAKI				
18	Samurai					43	SAMURAI				
19	Ninja					44	NINJA				
20	Karate					45	KARATE				
21	Judo					46	JUDO				
22	Haiku					47	HAIKU				
23	Typhoon					48	TYPHOON				
24	Daiwa					49	DAIWA				
25	Sumo					50	SUMO				

音声指導／文字指導 ● ツボ25

ツボ 25 フォニックスを取り入れた発音と綴りの指導

●課題

「単語は何回も書いて覚えなさい。」我々教師がよく言う台詞である。しかし，これは入門期の生徒や習熟が遅い生徒にとって簡単ではない。文字を導入すると能力差が生じることは，中学校教師であれば誰もが体験する。では，どのように英語の発音と綴りの関係を指導すればよいのだろうか。

●視点

発音と綴りの間に，ある程度規則性があることは，すでに「フォニックス」として知られている（ハイルマン A・W／松香洋子，1981）。認知能力の高い学習者はその規則性を帰納的に見つけ出し，綴りを覚えるときに役立てている。しかし，認知能力の弱い生徒でも，系統的にこの規則性を教示すれば，類推力を働かせ加速度的に綴りを覚えていく。

なお，フォニックス自体は，英語を母国語として話せるものの，書けない子供に，能率的にスペリングを習得させることを目的とした指導方法である。したがって，日本における外国語学習のために開発されたものではないことを付け加えておく。また，この指導法は，ある程度の数の語彙を音声として習得していないと意味がない。なぜならば，音声が第1であり，次に綴りを覚える指導方法であるからである。ただ単に，単語が規則的に読めただけでは，「音声と綴りの素地」はできても，「コミュニケーションの素地」にはなり得ないことは肝に銘じておく必要がある。

●実践例

例えば，中学校1年生で all, tall, ball, call 等，"all" をスペルに含む単語をいくつか学習していたとする。

まず，既習の単語の発音を確認し，その規則を考えさせる。「子音＋a＋ll」は「オー」という発音になることに気付いたなら，未習の単語で

89

「all」が含まれるものを提示し，類推して発音させる。

all	t-all	b-all	c-all	
	m-all	f-all	w-all	sm-all

また，1年生であれば，以下のような，「子音＋a＋子音＋e」の形で"a"は<ei>と発音することも指導できる。

game	face	name	safe	came	gave	page	late
lake	same	cake	make	take	date	made	tape

入門期の生徒は，書く時に最後の綴りの"e"を付け忘れる間違いが多い。この段階で指導をすれば，その間違いも減少できるだろう。

生徒の新しい単語をつくらせるのも楽しい。例えば，上記の法則に従い，sate, gate, sake, pale 等と，単語をつくらせ辞書で調べさせる。語彙数を10万語以上内蔵している辞書であれば，そのほとんどが記載されているはずである。自分がつくった単語が辞書に載っていることを発見すれば英語や綴りへの関心や意欲は高まるであろう。

ただし，これらの規則にも例外があることは必ず頭に入れておきたい。上記の例で言えば，have は"a"を<ei>と発音しない。フォニックスという方法でなくとも，下のように，月のスペリングのように，それぞれの共通点を見つけさせて指導することができるものもある。

January	February	June	July,
September	October	November	December

フォニックス指導はあくまで理論ではなく，指導方法の1つであると言う認識をもち，子どもの実態に合わせて，指導することが望ましい。

参考文献
ハイルマンA・W／松香洋子監訳（1981）『フォニックス指導の実際』玉川大学出版部

言語活動　基礎編

ツボ26〜36

| ツボ 26 | 情報格差を活用した コミュニケーション活動 |

●課題

コミュニケーション能力を育成するためには情報格差（インフォメーションギャップ）を活用した授業が有効である。既習の言語材料を十分定着させ，さらに，リアルな情報授受ができる活動にはどんなものがあるだろうか。

●視点

人がコミュニケーションをする目的は，「相手から情報を得る」「知っている情報を確認する」「自分の感情や考えを伝える」「相手にして欲しいことを伝える」など様々である。情報格差を活用した活動は，それらの目的をもって発話をするため，活動に没頭しているときは，文法や文型ではなく，「早く情報を得たい」という目的が頭にある。これが実は大切なことである。言語材料の定着も視野に入れると，ある程度コントロールされた状態を作る必要はあるが，このような活動は生徒の興味を喚起する。

●実践例

情報格差を活用したゲームを紹介する。使う文型や表現は指定しないが，下位の生徒のためにも使える表現は提示する。

1. 生徒に①から④の絵を，ランダムに1枚ずつ配布する。
2. 自分に配布されたもの以外の絵について，友達に質問する。
3. 得た情報を元に自分のワークシートにある絵を全て完成させる。

・Do you have a picture of a mountain?

・Is the yellow pencil short?

・Which is bigger, the pink ball or the green one?

・Which mountain is the highest of the four?

言語活動　基礎編 ● ツボ26

【図 26.1　情報格差の活動】

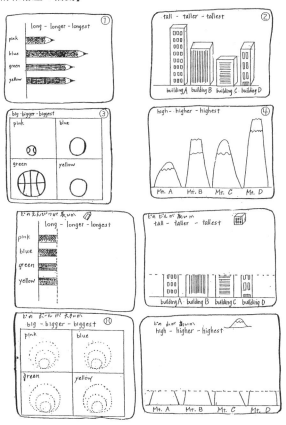

他にも，以下のような活動が考えられる。
- ペアになり，それぞれにAさんとBさんの一日の生活を知らせる。2人の生活の違いを比較し，まとめさせる。
- 短い物語を4つに分断し，各班4人それぞれに1パートずつ口頭で語る。それぞれが得た情報を伝え合い，物語を完成させる。

参考文献

後藤信義，近藤陽子（1994）「情報格差を活用したタスク」青木昭六（編）『英語授業事例辞典Ⅱ』大修館書店

ツボ 27　訳を超えた内容理解の手段

●課題

　教科書は生徒にとってバイブルである。家庭学習や塾でも，教科書中心の予習や復習になっている。したがって，教科書をどのように扱うかは，指導内容，指導方法，学習評価を含め，学習者の今後の英語学習に多大な影響を及ぼす。

　現在の教科書は，一つの単元で4技能の総合的な習得が図られるように工夫されており，若手教師もベテランの教師もある程度のレベルの授業を展開できる構成になっている。しかし実際には，本文の内容理解のさせ方は，本文を日本語に訳したり，代名詞が指すものを確かめさせたりと，旧来の指導からあまり改善されていない印象を受ける。このような指導で，とりわけ，ここでは「読む」能力を付けることができるのであろうか。

●視点

　「読む」活動は，訳すことができればよいわけではない。学習指導要領にも示されていることであるが，次のことを意識して指導にあたりたい。

・どのような場面で，どのような人物が登場するかを把握する。
・記載されたタイトル，挿絵や写真なども活用しながら，本文を読む。
・文章の前後関係に注意し，どの文章が重要で，どの文章が付け足しかを考える。
・作者の考えや意見，登場人物の気持ちなどを推論する。
・読んだ内容に関して自分の考えや感想を表出する。
・本文の続きを推察し，表現する。

　これらのことは，1年生の入門期の段階から意識して，指導する必要がある。決して，1年生は内容が簡単だから3年生から指導すれば良いというわけではない。

言語活動　基礎編●ツボ27

●**実践例**

『NEW CROWN English Series 1』のLesson 4　Field Tripを使った例を紹介する。英文を読んだあと，以下のように発問をして内容理解を深める。

Part1
校外学習の準備のため，健とエマがスーパーに食材を買いにきています。
Ken: I have four onions and two carrots.
　　　 I have some potatoes too.
Emma: OK. That's enough.
　　　 I have a shopping bag.
Ken: Good.

この本文に対する発問（T）及び予想される生徒の反応（S）は以下の通りである。

T: 2人は何のために買い物へ行きましたか？
S: 校外学習の準備のため。／食材を買いに行くため。
T: 2人は買った食材でどんな料理を作ろうとしていますか？
S: カレーライスだと思います。
T: 何でカレーライスとわかるのですか？
S: 玉ねぎと人参とジャガイモを買っているから。
T: 肉じゃがも作れると思いますが，どうしてですか。
S: それぞれの食材の量から考えてもカレーライスだと思います。
T: そのことが分かる英文を教えてください。
S: four onions, two carrots, some potatoes.
T: 最後に健が "Good." と言ったのはなぜですか？
S: エマさんがshopping bagを持って来ていたから。
T: それだけの理由ですか。
S: エマさんが環境のことを考えていたので，自分と同じ考えで，"Good." と言ったと思います。

ここでは日本語で質問等を記したが，英語で質問や反応を実施することが望ましい。
　なお，本文を指導し，その内容が理解されたところで，教科書を閉じさせて，英語を口頭で再現させることが大切である。ただし，これは本文の暗記ではないため，内容が本文と似ていれば，一語一句が同じでなくてもよい。また，内容を創造的にふくらませて話させてもよい。そしてこの文章を書かせ，最終的に1つの本文で，今の学習指導要領で求められている4技能の総合的な活用に結ぶのである。

参考文献
高橋貞雄ほか（2012）『NEW CROWN English Series 1』三省堂

ツボ28 教科書の内容を膨らませる指導

●課題

「教科書を教える」のでなく，「教科書で教える」ことが主張される。教科書の内容や文法事項を理解できたとしても，それを活用する力がなくては，コミュニケーション力というには不十分であるからである。

教科書は，英語教育関係者が英語教育のエキスである理論を具体化したものであるため，教材研究を充分して授業に臨む必要がある。では，教科書の本文はどのように活用したら良いのだろうか。また，内容理解と表現の活動をどのように有機的に関連させて指導すれば良いのだろうか。

●視点

教科書は，題材や言語形式，言語の働きを，さまざまな社会的な文脈の中で扱っている。したがって，場面や英文構成などを意識した活動に発展させると良い。例えば，説明的な文章であれば「はじめ」「展開」「終わり」のような構成であったり，「展開」の部分に話によって補足，根拠，理由，原因などの具体例が配列されていたりする。文章の構成を指導し，それをヒントに要旨を読み取らせることができる。

また，物語的な文章では，「いつ，どこで，誰が，どのようにしたか」を明確にしてあらすじを追う必要がある。主人公の言動や様子，主人公の境遇，人間的な成長と言った点に注目させる活動を考えるとよい。

対話文においても，場面，登場人物の社会的な人間関係，会話の内容や言語の機能など様々な観点から読み深めることができる。対話文では次のような活動ができる。

①教科書の英文に，1文を付け足す活動をする。
②会話の流れを尊重しつつ，一部の表現を入れ替える活動をする。
③教科書の場面を軸に，新しい英文を創造させる。
④1人が登場人物になりきり，周りがその人物に質問をする。教科書

に書かれている情報だけでなく，場面から予想できる質問でも構わない。
⑤登場人物になりきり，教科書の会話の中で起きたことを説明する。

●実践例

ここでは，『NEW CROWN English Series 1』Lesson 5 の実践例を示すことにする。

> Raj: Who's that man?
>   I don't know him.
> Meiling: He's Mr Yoshida, our science teacher.
> Raj: I see.
> Meiling: Do you know that woman?
> Raj: Yes. I know her. She's Ms Brown.
> Meiling: Right.

次の例は，池田中学校の水野幸弘教諭の実践を参考に作成している。

〈A パターン〉

生徒に，即興でスキットを作らせる。Raj 役と吉田先生役に分け，Mr Yoshida に Raj が自己紹介をする場面を考えさせる。吉田先生を知らないことを踏まえ，Raj 役に自己紹介をさせる。吉田先生が，理科の先生であることが一つのポイントとなる。

> Raj: Nice to meet you, Mr Yoshida.
> Mr Yoshida: Nice to meet you ... What's your name?
> Raj: I'm Raj, from India. I study with a friend, Meiling.
> Mr Yoshida: I'm happy to study science with you.
>   Do you like science?
> Raj: Sorry, I don't like it but I study it hard.
> Mr Yoshida: That sounds good.

言語活動　基礎編 ● ツボ28

〈Bパターン〉

本文にセリフを付け加える。下線部は生徒が付け加えた部分である。

> Raj: Who's that <u>tall</u> man?
>   I don't know him.
> Meiling: He's Mr Yoshida, our science teacher.
>   <u>And he's a coach of Kendo club.</u>
> Raj: I see. <u>I like sicence.</u>
> Meiling: Do you know that woman <u>with brown hair</u>?
> Raj: Yes. I know her. She's Ms Brown.
>   <u>She is an English teacher and she can speak Japanese too.</u>
> Meiling: Right. <u>She can speak Japanese very well.</u>

〈Cパターン〉

セリフの一部を変え，会話がどう変化するのか考えさせる。

> Raj: Who's that man?
>   I don't know him.
> Meiling: He's Mr Yoshida, our science teacher.
> Raj: I see.
> Meiling: Do you know that woman?
> Raj: <u>No, I don't.</u>
> Meiling: <u>（生徒に考えさせる）</u>

この際，生徒が既知の情報だけでなく，設定を想像させてもよい。

〈Dパターン〉

ALTに加筆をしてもらい，その内容理解をさせる。この際，軸となっている英文はすでに理解できているため，加筆したところに未習事項が入っても構わない。

> Raj: Who's that man <u>wearing a white jacket</u>?

99

> I don't know him. <u>Do you know him?</u>
> Meiling: He's Mr Yoshida, our science teacher.
> <u>I think you met him many times in our science classes.</u>
> Raj: I see. <u>I don't remember all teachers in this school.</u>
> There are many teachers in this school.
> Meiling: Do you know that woman <u>walking over there?</u>
> Raj: Yes. I know her. She's Ms Brown.
> <u>She's from England. She can speak Japanese well.</u>
> Meiling: Right. <u>I want her to teach me Japanese.</u>

〈E パターン〉

教科書の絵を見て，質問を考えさせる。ペアでその質問を聞き合い，それぞれ自分なりの答えとその理由を答える。

> Q: Where are Meiling and Raj now?
> A: They are talking in the front of their classroom. You can see some posters on the wall.
> Q: Why is Meiling smiling?
> A: She likes Ms Brown. They often talk in English.
> Q: Do you like this school?
> A: Yes, this school has many foreign students and I can use English every day

A〜Eのパターンを見れば，教科書の会話の場面を維持しつつ，教材を膨らませていることが理解できるだろう。教科書は，場面や脈絡が鮮明であるため，教師の工夫次第で発展させることができる。クラスの実態に合わせて，是非，教科書の内容を膨らませた指導に挑戦してほしい。

参考文献
高橋貞雄ほか（2012）『NEW CROWN English Series 1』三省堂
水野幸弘（2015）『読むことの指導の工夫』池田中学校

言語活動　基礎編●ツボ29

ツボ 29　類推して読む指導

●課題

　中学校の教科書には，レッスン毎に新出文法を指導するための英文が掲載され，「読み」に特化した教材が少なかったが，平成24年度以降，それを扱うところが出てきた。しかし，このような教材をどう指導するかは悩ましいところである。「新出語彙をどう扱うのか」「何をポイントとして読ませるのか」「日本語に訳させるのはいいのか」等々様々な疑問がわき起こる。生徒に読みの力をつけるには，どのようにすればよいか。

●視点

　まず，「読む」とはどんな言語活動なのかを充分把握する必要がある。学習指導要領（文部科学省，2008）には，「読むこと」の指導内容として，「物語のあらすじや説明文の大切な部分などを正確に読み取ること」「話の内容や書き手の意見などに対して感想を述べたり，賛否やその理由を示したりなどすることができるよう，書かれた内容や考え方などを捉えること」と記されている。これは，ともすると「読む」活動は受け身的な活動のように思われていたが，実は非常に能動的な活動であることを示している。

　Communicative reading を考える際には，読む活動が，書き手との相互的なやりとりであるという認識をもつことである。したがって，書かれている文章だけではなく，挿し絵や図表，読み手の知識などを総動員して，書き手との意思疎通を図りたい。そして，内容を正確に把握した上で，書かれていることに対して，自分の感想や評価を言えるように指導したい。

　読みの基本的な考え方は次のようである。

①教科書教材は，物語文，説明文，手紙，スピーチ原稿，対話文など多彩である。それぞれの文章構造や文体に合わせた指導を行うこと。
②文章は，単なる文の集合体ではない。全ての文は，前後の文との関係や，ある文脈の中で存在している。したがって，細切れに一部分ずつ指導し

たところで，必ずしも全体を把握できるようになるわけではない。常に「全体から部分へ」という姿勢で指導をしたい。

③内容が生徒にとって既知のことか（α reading）未知のことか（β reading）を考慮し，α度とβ度のどちらが高いかを事前に考える。

④場面が明確になる挿し絵やイラスト，地図や図，写真などが存在するか（場面＋度），存在しないか（場面－度）を考えて指導する。

⑤ジャンル別の指導に配意すれば，既習事項を生かした指導ができる。同じジャンルのレッスンを把握し，前に使用した読みの方略を取り入れ，指導の効率化を図りたい。

⑥教材の特徴に応じて，1時間1セクション（パート）ではなく，弾力的に数セクションかレッスン全体を取り扱いたい。

⑦「読むこと」と「聞くこと」は受容プロセスが似ていることもあり，相関関係が非常に強いと言われる。したがって，読む力をつけるには，まとまった文を聞く習慣を作り，聞く指導も充実させることが大切である。

●実践例

投げ込み教材として1987年の『ONE WORLD English Course 2』に掲載されていた，福沢諭吉についての英文を使った，読みの指導を紹介する。

①英文を読む前に，福沢諭吉のα度を調査する。

・福沢諭吉という名前は知っている	100%
・お札になるくらいの人	80%
・『学問のすゝめ』を書いた人	73%
・明治の人	25%
・慶應義塾の創始者	23%
・その他	数%

②生徒の既知情報を共有し，クラス全員のα度をある程度均一にする。

③挿し絵入りの本文を与える。本文を黙読する前に，挿し絵からわかることを想像させ，それを班内で話し合わせる。

④本文を黙読する。わからない単語は類推して読ませる。また，新出単語をどれほど類推できているかを測るため，本文に出てくる次の単語の意味を予想して書かせた。実際の回答の一部を記載する。

> Dutch books：オランダ語，蘭学
> signs：看板，標識
> big storm：嵐，大きな波，大きなゆれ，台風，
> American customs：アメリカの習慣，アメリカの生活，アメリカの様子，米国人のかっこう，アメリカの文化
> impressed：印象に残った，感心した，感激した，記憶に残った，驚いた，大切だとわかった，感動した
> respect：尊敬する，すばらしいと思う，特別に扱う
> equal：大切である，平等である
> social position：社会的な地位，社会の身分，位置，社会関係，偉い人

 文の前後関係や挿し絵などから類推して，新出語の意味を実によく予想して読み進んでいることが分かる。
⑤生徒に配布した英文を回収する。そして，一段落ずつ英文が書かれた短冊を班ごとに用意し，それを並べさせる。
⑥英文の感想や感動したことを英語で言わせ，その後書かせる。

 大量の英文を一度に読むことをあまり経験していない2年生にとって，最初は戸惑いがあったが，背景となる知識を活用しながら読むという，本来の「読み」の指導はできたのではないかと思う。
 また，「読み」の活動をする際，予習はさせずに読ませることを薦める。この活動で大切なのは，未習の語彙や文を推測して意味を解釈し，既有の知識を活性化させながら読む経験をさせることだからである。塾などで予習している生徒が多い場合は，既習の言語材料をできるだけ多く含むものを投げ込み教材として実施するとよい。

参考文献
山形県教育センター(1983)「英語における読みの効果的指導に関する研究」『研究紀要』
外山滋比古（1981）『読書の方法―未知を読む』講談社
後藤信義(1987)「読むことの指導の実際」小笠原林樹・藤掛庄市（編）『英語科言語活動』教育出版
教育出版編集部（1987）『ONE WORLD English Series 2』教育出版

ツボ 30 理解能力を育てる「通訳活動」

●課題
　教科書の英文に訳をつけないと，どうしても満足しない生徒がいる。しかし逐語訳だけでは，筆者や作者の要旨や主題を把握することはできない。また，段落ごとの概要や要点を掌握することが難しい。では，どのように本文の内容理解だけではなく，コミュニケーション能力の向上につながる訳ができるのであろうか。

●視点
　実社会で行われている活動を教室に持ち込み，少しでもリアルなコミュニケーションの場で，「聞くこと」「読むこと」の能力を高めることである。また，生徒が活動に熱中している間に内容理解が自然とできるように仕組みたい。
　一つの手法として，生徒に「通訳者」を体験させる活動を奨励する。通訳者は，文字通りの意味を通訳しているわけではなく，内容を自分なりに解釈し，相手に分かりやすい表現で伝えているのである。そのためには，通訳する内容の背景的知識を持っている必要がある。換言すれば，日本語も英語も流暢に話せることが重要なのではなく，トピックについてのスキーマを有し，なおかつ，相手の趣旨を的確に把握し，解釈して目標とする言語で話せる力が必要なのである。通訳が interpreter（解釈する人）といわれる所以である。

●実践例
　指導手順は以下の通りである。

①教科書をある程度音読できるようにする。
②4人グループを組み，2人を音読係，残りの2人を通訳係とする。音読は，まとまりのある区切りで，英文を分担する。この際，英文の内容を

考えて分担するよう注意を促す。ただし英文が対話文のときには，それぞれの人物で分担する。
③通訳係は，音読する人の横で，本文を見ずに音だけで通訳する（①で音読をしているため，おおよその内容は把握できていることが前提）。この際，音読係は，通訳を入れやすい区切りを意識するように注意する。また，難しい場合には，通訳係にメモをとらせてもよい。
④音読係と通訳係を交代する。上手く音読や通訳ができた生徒は，代表でクラスの前で発表する。

【「通訳活動」の長所】
○生徒は，テレビなどで通訳者がどういうことをするか知っているため，やり方を説明する必要がなく，どの教材でも実施できる。
○通訳する際，2〜3文を聞いて，意味の区切りで通訳をするため，概要や要点を把握する力が自然に身につく。また，話者の意図をくみ取ることができるようになる。
○音読練習の段階から，聞き手(audience)意識が強くなり，機械的な音読を避けることができる。
○音読をする生徒は，通訳係がいるため，「はっきりと，大きな声で，英語らしく」言うようになる。
○通訳係は内容が不明確であるときに，"Pardon?", "Can you speak slowly?" などと質問をするため，会話を継続する能力も養われる。
○発展学習として，新出の教材を用意して，音読係にだけ英文を渡し，通訳係は英語の音声を聞いて即座に翻訳して表現させると，本当の生徒の言語能力が評価できる。
○通訳活動の導入時では，本文を文字通りに訳す生徒が多く，時間もかかるが，慣れるにしたがい，要点のみを通訳するようになる。ある程度，継続して実施すると効果があらわれてくる。

参考文献
後藤信義（2012）「小・中学校の英語の授業にスパイスを」瑞穂市教育委員会夏期研修会資料

ツボ 31 会話読みで表現力を高める

●課題

生徒に本文の内容について自分の意見を言わせたいと思っても，なかなかできない。しかし，学習指導要領では「自分の考えや気持ちなどが聞き手に正しく伝わるように話すこと」及び「聞いたり読んだりしたことについて，問答したり意見を述べ合ったりすること」となっており，どうしてもこの趣旨に合う授業を行いたいが，どのように工夫すれば良いか。

●視点

本文の内容を読み取り，自分の意見を出させるためには，感情や判断を表す動詞や形容詞を含む表現を多く指導することが一つの解決策である。しかし，それではすぐに自己表現力は高まらない。具体的な手立てとして，「会話読み（conversation reading）」を取り入れたい。

●実践例

「会話読み」は教科書の文章の途中や最後に適当な文を付け加える活動である。会話する際に必要な受け答えの仕方が習得でき，それを生徒自身の自己表現に活かすことができる。指導手順は次のようである。

①「会話読み」のやり方を説明し，I think so too. / I see. といった，受け答えで使える表現を与える。
②生徒に本文を読ませ，教師が見本を見せる。
③生徒に，自分ならどんな反応ができるかを考えさせる。
④ペアで一方が本文を読み，もう一方がそれに答える形で，「会話読み」を実施する。（本文はゆっくり，相手の反応を確かめながら読む。）
⑤役割を交代する。

この指導法は，すべての教科書の本文で実施できるわけではなく，説明文や論文的な文章などがやりやすい。英文をよく吟味して実践することが望まれる。以下は『NEW CROWN English Series』を使った例である。

1. Book 1　LESSON 6

〈Aパターン〉 1文おきに，内容に関する感想などを付け加える。

> This is my father. (Is he a musician?)
> He's from Scotland. (I don't know Scotland.)
> He likes music. (I like music too.)
> He plays the bagpipes. (What music can he play with it?)

〈Bパターン〉内容を自分のことに置き換えて表現する。

> This is my father.
> He's from Scotland. (My father is from Hokkaido.)
> He likes music. (He likes cooking.)
> He plays the bagpipes. (He cooks dinner on Sundays.)

2. Book 3　LESSON 6

〈Aパターン発展〉適宜，内容に関する意見や疑問を考える。

> 　Dr King later made a speech in front of the Lincoln Memorial. (He is a great man. Why did he make a speech there?)
> 　I have a dream that my four little children will one day live in a nation where they will not be judged by the color of their skin but by the content of their character. (I think so too. How about Japan? We sometimes judge people by their looks.) I have a dream today.

参考文献

Widdowson, H.G. (1978). *Teaching Language as Communication*. Oxford: Oxford University Press.
高橋貞雄ほか（2012）『NEW CROWN English Series 1, 3』三省堂
水野幸弘（2014）「読むことの指導」池田中学校

ツボ 32 オリジナル辞書で自己表現力を高める

●課題

　生徒に自己表現をさせようとすると，必ずといって問題になるのが語彙の指導である。言いたいことはたくさんあるが，単語がわからない。辞書で単語を調べると時間がかかるし，調べることができても英語が発音できない。例え読み方を教えたとしても，相手がそれを理解できず対話が成立しない。こんな時どうすればよいのであろうか。

●視点

　ある場面や話題で必要とされる語彙は，チャンクの形で教える。例えば，1年生の「朝の生活」というトピックで現在形を使って話をする場合，10語程度で基本語彙としては十分である。

> get up, change clothes, brush teeth, wash face and hands, cook breakfast, eat(have) breakfast, watch TV, read a newspaper, leave home, every morning, after breakfast, before breakfast, after that

　しかし生徒は，これ以上に表現したいことがある。その際には次のページのような活用しやすい単語リストを作成するとよい。
　この辞書のポイントは生活の流れを表す単語をまとめているため，時系列で語彙を並べていることである。なお，ここではカタカナ発音が記されているのは，1年生向けのリストだからである。

参考文献
長井義邦，臼井泰，後藤信義（1980）『OUR WORD BANK』岐阜大学教育学部附属中学校

言語活動　基礎編●ツボ32

●実践例

【図 32.1　朝の生活】

		WORD			USAGE	
1	寝ている	stay in bed	ステイ イン ベッド			
2	おきる	get up	ゲット アップ	早く	〜 early	アーリィ
				おそく	〜 late	レイト
				いそいで	〜 in a hurry	インナ ハリー
3	目ざめる	wake up	ウェイク アップ	6時に	〜 at six	アット シックス
				母が私をおこす	Mother wakes me up.	マザー ウエイクス ミー アップ
4	「おはよう」と言う	say, "Good morning."	セイ グッド モーニング	母に	〜 to Mother	トゥ マザー
5	みがく	brush	ブラッシュ	歯をみがく	〜 one's teeth	ワンズ ティース
6	あらう	wash	ウォッシュ	手と顔を	〜 one's face and hands	ワンズ フェイス アンド ハンズ
7	髪	hair	ヘアー	とく	comb 〜	コウム
				結ぶ	tie 〜	タイ
				カールする	curl 〜	カール
				ブラシをかける	brush 〜	ブラッシュ
8	朝食	breakfast	ブレックファスト	食べる	have 〜	ハヴ
				作る	cook 〜	クック
				用意ができている	〜 is ready	イズ レディ
				出す	serve	サーヴ
				かけ込む	gulp 〜	ガルプ
				早い	early 〜	アーリィ
				遅い	late 〜	レイト
				いそいで	hastily 〜	ヘイストリィ
				ゆっくりした	leisurely 〜	レジャリィ
				家族でとる	have 〜 with my family	ハヴ〜ウイズ マイ ファミリィ
				ひとりでとる	have 〜 alone	ハヴ アロウン
				ミルクを飲む	have milk for 〜	ハヴ ミルク フォー
				終わる	finish 〜	フィニッシュ
9	トイレにいく	go to the bathroom	ゴウ トゥ ザ バスルーム	トイレにいる	be in the bath	ビー イン ザ バース
10	服	clothes	クロウズ	脱ぐ	take off 〜	テイク オフ
				着る	put on 〜	プット オン
				変える	change 〜	チェインジ
				たたむ	fold 〜	フォウルド
				パジャマ	pajamas	パジャマズ
				制服	school uniform	スクール ユニフォーム
11	準備する	prepare	プリペア	学校の	〜 for the lessons	フォ ザ レッスンズ
12	テレビを見る	watch T.V	ウォッチ ティーヴィー	ニュースをみる	watch the news on T.V.	ウォッチ ザ ニューズ オン ティーヴィー
13	くつ	shoes	シューズ	くつをはく	put on one's shoes	プット オン ワンズ シューズ
				くつをみがく	shine one's shoes	シャイン ワンズ シューズ
14	家をでる	leave home	リーヴ ホウム	早く	〜 early	アーリィ
				おそく	〜 late	レイト
15	バス	bus	バス	に乗る	take the 〜	テイク ザ
				…線に乗る	take a … bus line	テイク ア 〜 バス ライン
				に間に合う	catch a 〜	キャッチ ア
				にのりおくれる	miss the 〜	ミス ザ
				を待つ	wait for a 〜	ウェイト フォー ア
16	学校	school	スクール	へ行く	go to 〜	ゴウ トゥ

ツボ 33 　3〜4行の文章で表現する

● **課題**

1文の英語は書けるが，3〜4行のまとまりのある文で表現させようとすると，同じ主語ばかりの英文になったり，文章の整合性に欠けたりする。では，1文以上の英文で表現させるにはどの様に指導すればよいか。

● **視点**

英作文というと，従来は1文の和訳が中心であったように思う。しかし，1文を超えた文章で伝達する能力は，話す時にも書く時にも，コミュニケーションをする上で必要なことである。

まとまりのある文章を書くためには，まず，3〜4行の文章にたくさん触れることである。多読が表現に多大な影響を与えることは周知のことである。また，何について，どのような目的で，誰に向けて書くのかを考慮することも肝要である。身近なトピックを例示し，その形式に慣れさせ，同じ形式で自分の経験について模倣して表現させることから始めるとよい。

● **実践例**

①基本的な英文を読み，自分に関する文を付け加える。

Ken can speak English. 　→ 　I can speak English, too.
Ken can read English. 　→ 　I can read it a little.
Ken can write English. 　→ 　I can also write it.
Ken can't listen to local Japanese words.
　　　　　　　　　　　→ 　I can't do that either.

---

② Topic sentence や supporting sentence となる文章を明確に示したフォーマットをつくり，各自のことを表現させる。

> Christmas is wonderful. My father sings Christmas songs well.
> We sing with him. We have a good time on Christmas day.
>
> ↓
>
> _____is wonderful._____
> _____We have a good time on_____

③ 初めから複数の英文で表現させることが難しいようであれば，次のようなワークシートを作成してもよい。

> 3文で表現してみよう。
> ① I usually (　　)(　　) at seven.（起きる）
> 　But this morning I (　　)(　　) at eight.（起きた）
> 　So I was (　　) for school.（遅れた）
>
> ② My brother usually (　　) TV for one hour.（テレビを観る）
> 　But he (　　)(　　) TV last night.（観なかった）
> 　Because he (　　) a lot of homework.（宿題があった）

次の例は，生徒の作品である。

> 1. I usually play tennis with my friends. But it was rainy yesterday. So we didn't play tennis.
> 2. I usually get back home at about five. But we had club activities yesterday. So I got back home at seven thirty.
> 3. I usually go to school. But I was sick in bed yesterday. So I was absent from school.
> 4. My brother usually plays catch with his friend. But he didn't play catch yesterday. Because he went to *juku*.

参考文献
後藤信義（1990）「3〜4行のまとまりある文章」青木昭六（編）『英語授業事例辞典』
　大修館書店

ツボ 34 個に応じた「書くこと」の指導

●課題

　与えたテーマについて，英語で話したり書いたりする自己表現活動を仕組むことがある。例えば，「奈良への修学旅行について，まとまりのある英文でその日程や感動したことを伝える文を書いてみよう」と指示しても，何をどのように書くのか見当がつかない生徒がいる。どの生徒もある程度の満足感を得られる「書く」指導をするにはどうしたらよいのだろうか。

●視点

　書かせる前の活動が肝心である。奈良旅行であれば，このトピックに関するT-P対話をして，使える語彙や文の構造を充分インプットする。次に，修学旅行に関する多くの作品（過去の作品例や奈良に関する英語での情報）を聞かせたり，読ませたりする。こうすることにより，生徒は内容とともに，そこで使われる言語形式にも注意して，聞いたり，読んだりするようになる。ある程度の内容を聞いたり，読んだりできるようになったら，書くことの手助けとなるフォーマットを用意するとなおよい。

●実践例

　中学校3年生の実践を紹介する。まずは，「奈良への修学旅行」についての昨年度の生徒の作品を聞かせる。また，その英文を配布する。次に，低位，中位の生徒用のフォーマットを用意し，生徒自身に，どのフォーマットを使用するか選択させる。上位の生徒は特にフォーマットにこだわらず書くように促す。

　なお，単語の間違いなどのlocal errorは清書で修正することにして，できる限りスピーディにどんどん自分の思いを書かせることが大切である。

　ある程度書けた段階で，ペアでお互いに読み合う活動をする。そして，そこからさらに内容を膨らませるようにする。

言語活動　基礎編 ● ツボ34

【図34.1　フォーマット①（白井・後藤，1980）】

Third Year Topic：The study trip to Nara
(1)　On _____ , we were at the school gound. (2)　It was a _____ day. There were ____ to see us off. (3)　We got on ____ . (4)　On the bus, we enjoyed _____ . (5)　In Nara, we visited _____ and _____ temples. (6)　They were _____ . (7)　In __ temple, I felt that _____ . (8)　And I was moved to see _____ . (9)　We stayed at ____ hotel and enjoyed together. (10)　It was a ____ hotel.

【図34.2　フォーマット②（白井・後藤，1980）】

Topic：The study trip to Nara	
(1)　What day of the month did you make the study trip to Nara? (2)　How was the weather? (3)　How many people were there to see you off? (4)　How did you go to Nara? (5)　What did you do on the bus? (6)　What did you do on your way to Nara? (7)　Where did you visit in Nara? (8)　What do you think about them? (9)　What moved you most? (10)　What hotel did you stay? And what was it like?	

参考文献

白井泰，後藤信義（1980）『ENGLISH STUDY IN FUZOKU』岐阜大学附属中学校

ツボ 35　まとまりのある文章を「書く」指導

●課題
「書くこと」の指導は，非常に難しい。中学校の英語の学力差が一番顕著なのは4技能の中で「書くこと」である。また，小学校で音声重視の活動を行うため，中学校で文字が導入された途端に英語嫌いが続出する。とりわけ，単語レベルでは差は気にならないが，1文以上のまとまりのある英文を書かせると大きな差が生じる。どのように指導すればよいのだろうか。

●視点
まず，「書く」とはどんな言語活動なのかを把握する必要がある。学習指導要領では「書くこと」の指導として，「語と語のつながりなどに注意して正しく文を書くこと」という機械的な活動に加え，「文と文とのつながりなどに注意して文章を書くこと」と，1文以上の文章を書くことを求めている。また，聞いたり読んだりしたことや，身近な出来事や体験を基に，「感想，賛否やその理由，自分の考えや気持ちなどを書くこと」などと記載されている。

次に「書くこと」に結びつく能力を育成すべく，数時間に及ぶ単元計画を綿密に立て，能力差に応じた指導をすることである。生徒の実態を把握し，個人差にできる限り応じることが肝要である。

しかし，書く指導の実践に目を向けると，相変わらず多くの課題がある。

・単語や語句を書く練習や，文法や文型の定着のための作文練習を「書くこと」の指導として位置づけていることが比較的多い。
・global error か local error かということが区別されず，一律的に朱書きがなされている。
・書ける生徒と書けない生徒の能力差が大きすぎるため，「書く」活動を授業に取り入れると，時間差として表れる。

・「書く」活動は家庭学習に追いやられていることが多い。

「書く」指導に取り組めていたとしても，課題はある。文を書かせても，例えばand, but, by the wayのような接続詞を頻繁に使い，ぎこちない英文になってしまったりする。また，自分のことを書かせれば"I"を文頭にした文ばかりになってしまうなど，文と文との関係が単純で，文法的には問題がないものの，まとまりのある文章として問題があることが多い。

●実践例

2年生や3年生に「自己紹介」を書く課題を出すと，語彙や文型を既に多く学習しているにもかかわらず，ある一定の時間内にスラスラ書ける生徒は少ない。では，どのような理念とステップが必要であろうか。

1. 話す活動とリンクさせること

話すことも書くことも表現活動であり，相関関係が強い。基本的に話せないことは書けないため，まずは口頭での自己表現力をつけることである。

岐阜大学附属中学校では，口頭での自己表現力をつけるために，次のようなトピック中心のシラバスを開発した。その都度，新出文法を同時に導入できるように考えられている。

1学年
　自分や家族の紹介／好きなもの／自分や家族の持ち物／
　自分や家族が好きなスポーツ，楽器／自分や家族の1日の生活／
　自分の学校生活／岐阜市について

2学年
　今朝の生活／昨晩の生活／自分の家族の比較／
　今晩の生活／明日の生活／「私の趣味」／自分を語る

---

2. 語彙の幅を広げる

自己表現で問題になるのは語彙の不足である。例えば，将来の夢について書くならば，小学校の外国語活動等でもすでに学習している語彙もある

が，doctor, pilot, singer, teacher, shopkeeper, nurse, baseball player 等と限られている。生徒が使いたいであろう語彙を事前に考え，トピック別に整理し，リストで提示する必要がある。

ただし，ここで注意したいのは，辞書を引きながら書かせないことである。あくまでも，自分の力でまとまりのある英文を書かせたいため，分からない単語があれば，一度書き終わってから調べるように指導したい。

3. 対話から「書くこと」へのステップを考える

自分の身の回りのことについて話せるようになってきたら，話した内容について，まとまった文を書かせる。その際，次のような指導過程を設ける。

> ①書く内容について，十分 T-P 対話をする。
> ②ワークシート（図 35.1）を用意し，自分が話す内容に合わせ，左段の空欄を埋めさせる。これにより，英文を書き進める流れを把握できる。
> ③ワークシートの右段の WH question に完全文で応えさせる。(これが自分の第 1 次原稿になる。)
> ④各自で文の順序を替えたり，付加したりしながら英文を完成させる。

4. コミュニケーションのための「書く活動」として捉える

「書く」活動では，読み手意識が必須である。自分の級友に書く場合，ALT に読んでもらうために書く場合，外国の同じ年齢の人にメールを書く場合など，常に相手は誰かということを明確にする。

また，目的意識もしっかり持たせたい。「友達を探すための自己紹介」「ホームステイ先を探すための自己紹介」等，目的により書き方が異なるからである。

5. 適切な教材を選び，文体をまねさせて書かせる

例えば My Best Friend という題で書くとすれば，次の文のように，and や but などの接続詞を使わない英文の書き方を参考にさせる。

> Rose is one of my friends.

言語活動　基礎編 ● ツボ35

She has long hair and blue eyes.
I go to school with her.
She usually studies and plays with me.
She often plays with my little sister on Sunday.
She is kind to us.

【図 35.1　ワークシート】

3 rd year No.(6) Unit 1　No.6　Writing	
Topic　　Self—introduction	1. What's your name?
(1) My name is _____.	2. What does your classmate(s) do call you?
(2) _____ call(s) me _____.	
(3) I am _____ years old.	3. How old are you?
(4) I am in the _____ grade. _____ prefecture.	4. What grade are you in?
(5) I was born in _____ city.	5. Where were you born?
(6) I moved to Gifu when I was _____ years old.	6. When did you move to Gifu?
(7) I am living at _____ in _____ city.	7. Where are you living?
(8) My favorite subject(s) is/are _____.	8. What is/are your favorite subject(s)?
(9) I like _____ best of all subjects.	
(10) I don't like / like English. I don't like / like English. I want to _____ English in the future.	9. What subject do you like best? 10. Do you like English?
(11) I belong to _____ club. To _____ is very interesting.	11. What club do you belong to? 12. What is/are your hobby/hobbies?
(12) My hobby is / hobbies are _____.	13. What do you do when you are free?
(13) I _____ when I am free.	
(14) I take a _____ lesson _____ in a week.	14. What lesson do you take?
(15) I want to become _____ when I grow up.	15. What do you want to become when you grow up?
(16) I graduated from _____ Elementary School.	16. What Elementary School did you graduate from?

【実際に生徒が書いた例】

> Dear friend
> 　Hello! How do you do? My name is Hiroshi Kawaguchi. I am a second school student at Fuzoku junior high school. I live at Honjyo in Gifu.
> 　I have many friend in school. Some of them said "You're bright!" I always play volleyball with them after school. One of them is Yushi Hoshino. I like him very much. So I leave school for home with him every day. Do you have many good friends?
> 　There are five members in my family. Father, Mother, two little brothers and I. My father is a company employee. Father works very hard for us. Father is very tall and irritable. Mother is a house wife. She has to get up at six every morning. She's usually very tired. She sometimes says to me, "Get up early." I'm very sleepy. I can't get up so early. My little brothers are in elementary schools. When I come home, they always play each other in my house. We are very happy. So I love my family.
> 　Do you understand me? Please write me in English and tell me about your school life, your family and your country.
> 　　　　　　　　Your friend, Hiroshi Kawaguchi

参考文献

後藤信義（1987）「書くことの指導」小笠原林樹（編）『話すこと，書くことの指導』教育出版社

沖原勝昭（1985）『英語のライティング』大修館書店

河口裕（1985）「Dear Friend」生徒作品

ツボ 36 「書くこと」の考え方

●課題

「書くこと」の言語活動は,「聞く,話す,読む,書く」と言われるように,最後になることが多い。また,4技能の中で,テストでは重視されるが,授業では一番軽視される活動であると思う。

「読む」活動が受動的なだけでなく,書き手の意図をくみ取り,自分なりに解釈する能動的な活動であることが共通理解されてきたように,「書く」活動も受動的な面があることが認識されてきている。そのことを踏まえ,この「書く」活動をどのように考え,実践していけば良いのであろうか。

●視点

自分自身の日本語や英語で「書く」ことと,理論をつなげて「書く」ことが,どんな活動であるかを把握する必要がある。その際,口語体と文語体の違いや,正確な単語の綴りや文の構造に目が向きがちであるが,「書くこと」が実生活の中で,どのような働きをしているのか,書く行為に含まれる思考は何か等を探求すると,その本質が見えてくる。

「書くこと」は,一般的に表36.1のように,視覚媒体の産出的,能動的な活動として捉えられている。しかし,Widdowson(1978：57)は図36.1のように「書くこと」は現実社会において,解釈する力(interpreting)であるとしている。書き手が,読み手を意識しながら,書く内容や書き方を考え,評価する行為には,能動的な面も受動的な面も包有されていることを示している。この考えは,コミュニケーションを指向した「書くこと」の基本である。

【表36.1 従来のとらえ方】

	productive / active	receptive / passive
aural medium	speaking	listening
visual medium	writing	reading

【図 36.1 「書くこと」の本質をとらえた考え方 (Widdowson, 1978 を参考に作成)】

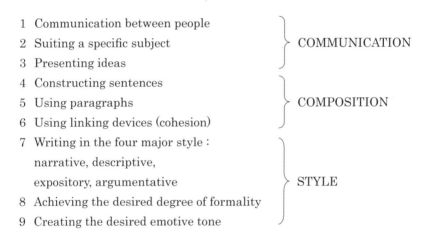

　もちろん「書くこと」は，アルファベットを並べ替えて文字にする能力，正確に綴れる能力，文字を通して表現できる能力を含む（図表2で言えば，「文作する能力」）。また，書き手は，適切な言葉や正しい英文で書くこと以上に，次のような能力が必要である。

1　Communication between people ┐
2　Suiting a specific subject　　├ COMMUNICATION
3　Presenting ideas　　　　　　 ┘
4　Constructing sentences　　　　┐
5　Using paragraphs　　　　　　 ├ COMPOSITION
6　Using linking devices (cohesion) ┘
7　Writing in the four major style :
　　narrative, descriptive,
　　expository, argumentative　　 ├ STYLE
8　Achieving the desired degree of formality
9　Creating the desired emotive tone

　さらに，パラグラフ構成については，英語の文章では topic sentence がパラグラフのはじめにくる場合が80％近くある（板坂，1980:174）。一方，Kaplan（1980）は，言語や文化的な違いによって文章構成が異なることを，象徴的に図 36.2 のように示している。今では，小学校の国語で話題文や支持文等の言葉を使い，重要な文と支持する文を念頭に入れて指導されている。これを英語教育にも応用したい。

【図36.2 文の構成（Kaplan, 1980を参考に作成）】

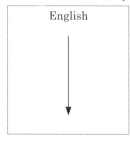
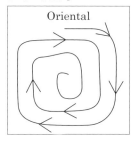

●実践例

「書くこと(composingではなくwriting)」の指導について，筆者の経験知と理論知を総合した実践知を列挙すると次のようである。

・話せること以上のことは書けない
　「書くこと」は，語彙の選択から文章構成，読者意識など多くの要素が絡み合った複雑な活動である。音声媒介の「話すこと」の方が容易であるため，まずは多量に話させ，書く活動に移る。
・多量の文を書くことが「書く力」を向上させる
　「書くこと」は質か量かで議論されることがある。両方大切であるが，とりわけ中学生レベルでは，量を優先させるとよい。
・モデルの文章は大切である
　目標とするモデル文がないと「何をどのように表現すれば良いか」見当がつきにくい。過去の生徒作品などを使ってもよい。
・書く時間は10分程度で良い
　生徒が書く時間は10分程度で良い。辞書は使わず，綴りを間違えていても，綴りが分からない単語の発音をカタカナで表記しても構わない。黙々と書き続けることが大切である。
・書くことのチェックは教師が行わない
　大切なのは内容が伝わることであるため，できる限りペアやトリオで，互いの英文をチェックさせる。ただし，多くの生徒が間違えている場合は教師が取り上げて説明するとよい。
・生徒の推敲能力やチェック能力を上げる
　生徒には，内容，文章構成，文法・語彙の3点を主に指導する。内容を

伝えることが一番大切であり，それから文章構成に移り，最後に，文法，語彙の順にチェックすることを指導する。
・清書の段階では，辞書を使っても良い
辞書は清書の段階で活用する。基本的に，正確な綴りや表現形式が適切かどうかを調べるために辞書を使う。

「書くこと」は，「読むこと」とも密接に結びついているため，読む量が増えれば，書く量や質が向上する。つまり，「書くこと」の能力を高めようと，書く活動に多くの時間を割いても，高められるものではない。そのため，授業シラバスの中での位置づけが大切なのである。

参考文献
Widdowson, H.G. (1978). *Teaching Language as Communication*. Oxford：Oxford University Press.
Suzuki, a.,et al. (1969). *The Cross Road for College Reading Skill*. Tokyo：Bunri.
Kaplan, R.B. (1980). *In Readings on English as Second Language*. 2nd edition Kenneth Croft (Ed.). Boston：Little, Brown and Company, pp.399-418.
板坂元（1997）『何をどう書くか：知的文章の技術』東京：PHP文庫.

言語活動　応用編

ツボ37〜45

ツボ 37 カレーライスのつくり方

● 課題

外国語活動の時間に「カレーライスを作って食べる」という活動が行われることがある。児童はカレーライスが好きという点に加え，食材がジャガイモ，にんじん，たまねぎ等，英単語も馴染みがあるため，興味をもって取り組むことができる。この活動を，より言語材料の導入と定着を目指す活動にするには，どのような工夫をすればよいであろうか。

● 視点

カレーライスを作る過程は，中学校への連携という立場からも教材化すると良い題材である。授業の中で実際に作らなくても，野外活動等での体験があれば生徒はイメージがしやすい。また，料理の過程は，物に働きかける行為（他動詞＋名詞）の語順が理解しやすい。さらに，英語で書かれた料理の本を見れば明白であるが，料理のレシピは命令調で簡潔に書かれている。したがって，文法の習得の面から考えても非常に現実的な活動となる。

● 実践例

日本語では，切ったり，皮をむいたりする段階から出来あがるまでを含めて「料理」という。一方，英語のcookは，熱を加える段階を言うのが普通らしい。それ以前のところは，prepareという。したがってprepare a meal と cook a meal の2段階に分けて指導をするとよいだろう。生徒の実態に合わせ，どちらか1つを指導することも十分可能である。

以下はprepareの例である。「たまねぎ」を洗ってから食べるまでを表現する。動作をしながら学習すると習得が早いため，可能であれば実物のたまねぎと動作をまじえて指導するとよい。

① Wash an onion　② Peel an onion　③ Cut an onion
④ Fry an onion / Boil an onion　⑤ Eat an onion

言語活動　応用編●ツボ37

　この①から⑤の行程は，調理実習などで料理をしたことがあれば想像しやすく，容易に記憶できる。ここで注意したいのは，ただそれぞれのチャンクを暗記するのではなく，順序も意識して覚えさせたい。また，小学校の家庭科の授業では，実際料理をする前に，仮想で時間内に手際よく料理をする方法を考えてから，料理に取りかかることがある。これを英語活動に利用してもよい。

◆発展◆

　料理に使われる言葉は多様である。動作に関わる動詞を紹介する。

---

① bake 　　　（直接火にあてないで，オーブンなどで焼く）
② roast 　　　（肉などを天火で焼く）
③ grill 　　　（焼き網で肉などを焼く）
④ broil 　　　（直接火にあてて焼く）
⑤ barbecue 　（肉などを焼き網の上で，または串に刺してソースを付けながらゆっくり焼く）
⑥ toast 　　　（パンやチーズを火にあぶって焼く）
⑦ braise 　　（蒸し煮する）
⑧ stew 　　　（弱火で煮込む）
⑨ deep-fry 　（たっぷりの油であげる）
⑩ pan-fry 　　（少量の油で炒める）
⑪ boil 　　　（煮る，ゆでる）
⑫ steam 　　　（ふかす，蒸す）

　加熱料理に使われる日本語は，「焼く」「煮る」「蒸す」「揚げる」「炒める」など比較的限られているが，英語では，同じような手法でも，加熱する方法や調理される材料で異なり，種類が多いようである。一方，切り方については，日本では，「短冊切り」「千切り」など細やかだが，英語ではcutの1語である。

　さらに，台所には料理道具が多くある。その多くは日本であっても他の国であっても共通するものが多く，生徒も親しみがあるだろう。

---

① cutting (chopping) board 　　　② can opener 　　　③ grater

| ④ turner | ⑤ frying pan | ⑥ blender | ⑦ toaster |
| ⑧ egg slicer | ⑨ potato masher | ⑩ dishwasher | |

　道具の命名は，対象物をどうするかという観点で付けられたと考えられるため，英語を学ぶという観点からすると，その料理道具の名前を覚えれば，対象物をどうするかという文をつくり出すことができる。

　例えば，can opener は open a can（缶を開ける），egg slicer は slice an egg（卵を薄く切る）となる。前述の調理用器具①から⑩を「動詞＋名詞」で表現してみると次のようになる。

① cut a carrot	（にんじんを切る）
② open a can	（缶詰を開ける）
③ grate radishes	（大根をすりおろす）
④ turn an egg	（卵をひっくり返す）
⑤ fry potatoes	（ポテトを揚げる）
⑥ blend milk with coffee	（コーヒーとミルクを混ぜる）
⑦ toast bread	（パンを焼く）
⑧ slice an egg	（卵を薄く切る）
⑨ smash potatoes	（ポテトをつぶす）
⑩ wash a dish	（皿を洗う）

　これを発展させれば，対象物自体は，人間や機械によって料理されるため，過去分詞を使って cutted carrots, fried potatoes, sliced egg, smashed potatoes 等と表現できることがわかる。

　中学生にとって，理解が難しい文法事項のひとつに過去分詞の使い方があるが，これも人と道具と物との関係を知っていると比較的容易に理解できる。そういう面では，台所と料理道具がそろっている家庭科室は英語教育にとっても絶好の場所なのかもしれない。

参考文献
学習研究社（1978）『図説ガッケン・エリア教科事典』学習研究社

ツボ38 「おおきなかぶ」の指導

●課題

　劇をつくる活動は大変興味のわく，おもしろい教材である。しかし，オリジナルの劇をつくるまでには，基本的な表現をある程度習得していないと，ただ知らない英語を覚えて言うだけで，結局「活動あって学習なし」の授業となる可能性がある。それでは，どの様に工夫すれば劇作りを上手く授業に取り入れられるのだろうか。

●視点

　「大きなかぶ」はロシア民話で，絵本や小学校の国語の教科書で馴染みのある題材である。話の一部を暗記している児童もいるだろう。彼らの内容を知っているというスキーマ（背景的な知識と文章の組み立て）を活用し，活動させるとよい。

●実践例

　「大きなかぶ」を指導する際，以下のことを注意したい。
　まず，動作をつけながら，誰が誰を引っ張るのか，主体と客体の関係を把握させたい。言い換えると，主語と目的語との関係を明確に理解させる必要がある。日本語の物語と英語の物語を比較すると分かりやすい。この意味で，「大きなかぶ」は英語の特徴である語順を自然に学ばせるには，すばらしい題材である。
　また，物語は動作をしている場面とそれを描写する場面の2つから成り立っている。前者は「うんとこしょ，どっこいしょ」のような登場人物が実際に話している場面。後者は解説やナレーションが語られる場面である。「大きなかぶ」では後者にあたる部分が多いため，生徒の人数などに応じて，台詞を追加するとよい。
　最後に，児童はそれぞれの役割を演じるとき，"Please help me.", "Please come here.", "What's the matter?", "Are you ready? One, Two, Three.",

"Yo-heave-ho" などと，様々な台詞を演じることになる。その際，日本と海外の国とで，動作の仕方に違いがある場合は留意したい。例えば come here の場合では，日本では手のひらを下向けて「こちらへおいで」と指を振るが，英語では手のひらを上にする。こういった細かいことを学べるのも，英語劇ならではのことである。

〈日本語〉 大きなかぶ	〈英語〉 A Big Turnip
（前略） いぬは，ねこを　よんできました。 ねこが　いぬを　ひっぱって， いぬが　まごを　ひっぱって， まごが　おばあさんを　ひっぱって， おばあさんが　おじいさんを　ひっぱって， おじいさんが　かぶをひっぱって─。 「うんとこしょ，どっこいしょ。」 それでも，かぶは　ぬけません。 （後略） （中洌ほか，2015：82）	The dog says to the cat. "Please help me." The cat pulls the dog. The dog pulls the granddaughter. The granddaughter pulls grandma. The grandma pulls the grandpa. The grandpa pulls the turnip. Yo-heave-ho Everyone can't pull the turnip.

参考文献
文部科学省（2009）『英語ノート 2 指導資料』
中洌正堯ほか（2015）『しょうがくせいのこくご一年・上』三省堂

ツボ 39 英語劇の指導

●課題

　中学校の文化祭では，学級単位の合唱や劇をやる。合唱を英語曲でするのもよいが，劇を英語でやるのもおもしろいだろう。しかし，英語劇を上演する場合の基本的な考え方，脚本選定，指導方法とはどういうものか。

●視点

　英語劇について考える際，演劇からのアプローチと英語教育からのアプローチがある。ここでは中学生が完全に英語で演じる英語劇を，英語教育の立場から検討する。

　中学校の文化祭で上演する劇の観客は，中学生や保護者である。したがって，英語の表現レベルはある程度，中学生が理解できることが前提である。一方，英語が難しいという理由で，簡単な英語で，筋も易しく，短い劇をと考えがちであるが，中学生の年齢に見合う内容の劇を選ぶ必要がある。例えば「マッチ売りの少女」をどれだけ流暢な英語でできたとしても，内容が浅かったり，表現が稚拙であったりしては，観客は満足しない。

　どの劇を演じるか考える際，以下の点に気を付けたい。

① 外国が舞台の場合，背景となる知識が不足していると，内容を理解することが難しくなることがある。あらすじは単純明快で，起承転結のあるものがよい。
② 動作が多い劇に仕上げることが望ましい。脚本がいくら名作だとしても，台詞だけで進むプロットでは，内容を埋解することが難しくなる。
③ はっきりとした性格や役割を担った人物が登場する物語にしたい。英語を多少理解できなくても，登場する人物の衣装や口調から内容が想像しやすくなるからである。

●実践例

　数多くの戯曲の中から上演する劇を選択するのは骨の折れる仕事である。上記の考えを踏まえて，筆者自身も劇を選定した。1年生で"The Eight headed serpent"，2年生で"The sweet potato vender"，3年生で"I want to go away"を上演した。

　生徒に渡す脚本は，出版されているものを，生徒の実態に合わせて脚色する。とりわけ，1，2年生には，脚本の台詞を短くしたり，平易な英語にしたりする必要がある。その他の指導手順は以下の通りである。

① 脚本に全訳を付けて生徒に配布する。これは，大道具，照明，音響，衣装などの係が活動しやすくするためである。
② 台詞を教師が録音し，それを全生徒に配布する。基本的に台詞の暗唱には，この音声を使わせる。
③ あらすじを大まかに確認し，それぞれの配役の役割を頭に描かせる。
④ 役者を決定する。万が一，当日風邪などで欠席になってしまった時のために，ダブルキャストにする。
⑤ 立ち稽古を始める。この指導では，一つ一つの台詞に動作をつけて覚えさせるとよい。記憶保持が長いばかりでなく，忘れたときに動作から台詞を思い出せるからである。
⑥ 英語を1語1語指導するのではなく，全体の流れの中で，台詞のどの言葉が大切かを考えさせて指導する。
⑦ 動作や表情はオーバーアクションを基本とする。英語の表現だけでは観客を集中させることが難しいため，それを動作で補う。
⑧ 役者が台詞を覚えていく段階においては，生徒間の進度の歩調をあわせることが肝要である。特に，暗記が遅い生徒がいる場合には，焦燥感を駆り立てるようなことをしてしまうと，作品の出来映えにまで影響する。
⑨ 上演の際には，できる限り観客に近いところで演じられるように舞台や客席を配置する。英語で表現するとどうしても声が通らないところがあり，また，観客にしっかり台詞を聞かせるためにも，このような配慮をしたい。
⑩ 文化祭当日は，劇の前に，あらすじを記したプリントを観客に渡すのもよいだろう。もしくは，ナレーターにあらすじと劇を観るポイントを話させるのも理解の一助となる。

欧米の学校では正課の授業として，演劇（drama）の授業がある。筆者がアメリカで参観した授業では，20人程のクラスで，スキットやスタントを含めた授業が行われていた。学校の説明では，このような出し物は，社交術のひとつで，裏庭に子どもを集めて寸劇をしたり，教会で"pantomime game"をしたり，ピクニックで"charades"を行ったりすることはごく一般的なことで，日常生活の延長線上で行われているということであった。

　筆者は中学校の1～3学年の3回，学級活動としての英語劇指導を実施したが，生徒や保護者から大変好評であった。学級担任が英語教師であるというメリットを生かして，生徒とともに英語で表現活動をしてみてはどうだろうか。

参考文献
佐野正之（1977）『英語劇のすすめ』大修館書店
後藤信義（1990）「英語劇に主体的に取り組ませるには」青木昭六（編）『英語授業事例辞典』大修館書店

ツボ 40 英語の詩や短い手紙を書いて創造性を磨く

●課題
　日本の短歌や俳句が英語で紹介されて久しい。アメリカやオーストラリアでは，英語の短歌や俳句の授業が開講されていると聞く。日本でも，英詩を積極的に授業へ導入した時期（昭和40年代）があったと記憶している。しかし，最近の教科書には，文学的な教材が減少傾向にあり，対話形式の文や説明的な文章が多く散見される。しかし，文学的な教材も，子どもの情操に限らず，コミュニケーションの手段としても役立つ。文学の中でも，短い文で書かれる詩などは授業の中で，どのように扱ったらよいか。

●視点
　英詩の扱い方は，週4時間の授業の中であれば，基本的には詩に親しみ，内容が理解できればよい。しかし，コミュニケーションの本質に創造性が包含されるならば，英詩を積極的に取り入れて教材化を図り，読解させるだけではなく，創作させることも意味のある活動である。また，cohesive device（接続詞など言語形式の表面に現れた語彙等）がない文脈でcoherence（意味的に深層で結びついている構造）を高める能力を育成するためには，詩とか短歌は非常に有効である。

●実践例
　英語の授業で英詩づくりを導入すると，次のようなメリットが考えられる。
・作り方さえわかれば，創造性が発揮できる
・単語を並べるだけでつくれるため，能力差を気にせずに活動ができる
・自分の感じたことや考えたことを素直に表現できる

　また，次のことに心がけたい。
・既習の語彙を使い表現すること
・できるだけ短くまとめること

言語活動　応用編●ツボ40

・思いを素直に書き記すこと
・タイトルをつけること

以上のことを念頭に，筆者が作成した例は次のようである。

BLUE
　I love blue sky.
　I love blue mountains.
　I love blue eyes.
　But these days
　I am blue.
　The test is coming by.

MY FRIEND
　You were my best friend.
　You were my sunshine.
　Your smile always made me happy.
　But you have gone.
　I miss you. I miss you.
　I want to be with you forever.

ENGLISH
　Speak English.
　Hear English.
　Read English.
　Write English.
　Oh, my heart is full of English.
　Someday I hope, I hope.
　Natural English is coming from my heart.

詩に限らず，短歌や短い手紙のような活動をさせるのも良い。ここでは，「日本一短い手紙　友への手紙」(福井県丸岡町財団発行)の英語版 "Japan's Best Short Letters to My Friend" から抜粋した作品を紹介する。

生徒と同年齢で，初歩的な英語で表現されているものを選択した。非常にシンプルで，豊かな感受性が発揮されている。これらの作品はコミュニケーションに内在する創造性，思想，感情が短い文章の中に凝縮され，「書くこと」を前提にした読み物教材としても価値がある。

〈友へ〉

The day it snowed,
you lent me your glove.
It was only one but it was so warm.

Yumi Muraoka (F.17)
（丸岡文化振興事業団，2000：57）

That pencil box.
To look at it, it's just a pencil box.
When I look at it with you, we giggle.

Machiko Kimura (F.13)
（丸岡文化振興事業団，2000：16）

次は子どもの話を参考にして筆者が創作した。

TO TEACHERS

Line up in order of your height.
I don't like these words.
You know I'm the shortest in the class.

参考文献
丸岡町文化振興事業団（2000）『Japan's Best Short Letters to My Friend』

ツボ 41 説明書を作る

●課題

　日常生活で，パソコンや機器の使い方を知ろうとすれば，説明書を片手に読む。また，物をつくるときにも，説明書を見ながら物づくりをする。
　この説明書は，手順や指示，あるいは注意事項が実に明解に書かれており，読み手に確実に伝わるように工夫されている。その書き方は日本語でも英語でも，ほぼ同じである。また，小学校の国語では，この指導を2年生で行うことを考えると，できるだけ早い段階で，指示や手順を説明する仕方を教えれば，言語習得に寄与するのではないだろうか。身近なところでどんな活動が考えられるだろうか。

●視点

　簡単な語彙を使い，手順をあらわす接続語（例：最初に，次に，また，最後に）を適切に使用できる場面を探す。実生活の中で，子どもが誰でも経験したことがあり，イメージしやすいことが望ましい。また，動作と共に順番を示す表現（first, second, ...）を覚えることができると，TPRの理論から考えても非常に効果的である。

●実践例

　一番身近な例は「手の洗い方」である。

How to wash your hands
First, turn on the water.
Second, wet you hands.
Third, take some soap.
Fourth, wash your hands for 30 seconds.
Fifth, rinse your hands well.
Sixth, turn off the water.

> Last, dry off your hands.

　なお，中学生であれば，"Then", "Next", "After that" といった，順番を示す表現も指導したい。また，以下のように理由を言わせてもよい。

> ・First, turn on the water. Because water is necessary to make your hands clean.
> ・Fifth, rinse your hands well. Because it is necessary to remove all the soap.
> ・Sixth, turn off the water. Because we should not waste water.

　実際に説明書を作るような活動に発展させても良い。例えば，家庭科の時間に洗濯機を使うようならば，洗濯機の使い方の説明を考えさせる。

> How to use a washing machine
> First, open the lid of the (washing) machine.
> Second, put dirty clothes into the machine.
> Third, add the detergent.
> Fourth, set the timer (temperature).
> Fifth, close the lid and turn on the machine.
> Last, open the lid and remove the clothes, (when all the washing process is complete.)

　このように，日本語を介さず，適切な接続語を使いながら，まとまった英文を考える経験は，英語の素地や基礎を培う上で，大切な指導である。また，手順に限らず，どんな文章を書く時も，文と文をつなぐ言葉の習得は非常に値打ちのあることである。

参考文献
Rochelle Kopp（2007）『製造現場の英語表現』ジャパンタイムズ
後藤信義（1974）「Total Bodily Action による授業研究」『現代英語教育』研究社 pp.38-39

言語活動　応用編 ● ツボ42

ツボ 42　自己表現としての英字新聞づくり

●課題
　新聞の教育的価値が指摘されて以来，様々な新聞を活用した取り組みがなされている。子供用の英字新聞を読むのも英語の実力をつけるのに適しているが，発信型の英語教育という面から英字新聞づくりをするには，どの様な工夫をすればよいか。

●視点
　英字新聞だからと言って，特別に構える必要はない。自己表現の一貫として日常や関心のあることに書かせるだけである。誰もが読める記事を書くことで，取り組み次第ではかなりの「読む」，「書く」能力が上達する。ただ，中学生のレベルでの英字新聞であるため，難しい話について書かせるのではなく，口頭での自己表現の延長線上で書くことを薦める。

●実践例
　作成の手順は次のようである。

①英字新聞のモデルを示す。(図42.1)
②グループで英字新聞の名前を決める。名前は，しっかりしたレタリングをさせる。(これ以後も，新聞の名前は毎回同じものとする。)
③面割りをする。主たる記事を中心に，5〜6記事を考えさせる。記事のタイトルは全員で決める。
④面割りした紙をはさみで切り，それぞれが分担して英文を書く。
⑤教師やALTで英文をチェックする。その際，local error にはあまりこだわらず，内容を中心に指導する。読む相手が，生徒同士であることを考慮した英文にしたい。

【図 42.1 生徒作品】

Southern Wind

Member: Ogawa, Yasuda, Onogi, Iwasa, Okada, Sugiyama, Yamada

St. Valentine's Day

February fourteenth is St. Valentines day. Boys have chocolates.
Do you buy chocolates and give them to every body?
At each shops, a lot of kinds of chocolates are sold.
Now, many kinds of chocolate put in the shops. Well, February 14th is a day when you have courage to hand him chocolates when you like.

Memories of my school days — Saying good-by

It was cold this winter but the snow has melted. Spring has come. It is getting warmer and warmer. Three years have passed since I entered this school.
Our graduation ceremony is coming soon. We can remember a lot of happy school events, athletic meets, cultural festivals, volleyball meets etc. We enjoyed school life.
When I was in the seventh grade, I was very short. But now I am tall and well-built. And I have learned a lot of things. We are leaving on March 14. Most of us will go to high school next month. During the past three years, we were able to make friends with teachers, classmates, and juniors. We also have learned that a strong will to study, and helping one another are very important to us.
We were very happy to have a lot of good teachers. I'll never forget our school life. "Thank you, all teachers and friends."

THE TERM EXAMINATION

Soon. We'll have a term examination. It is disliked by us. For 1st grade students, It is the third examination. For Second grade students. It is important examinations for the third grade.
For Third grade students, we have the last examination.
We have very head ache, we think of it
But we must pass it. "How do we pass it"
It is problem. Also we devote ourselves to the study.
Let's do our best. Let's try and take it easy.
　　　　　　　　　　　THE END.

WHICH

—STORY—
The CAT and THE FOX

A cat and a fox were once talking in the forest. "I am not afraid of anything," said the fox. "I have a thousand tricks. I can get out of any difficulty. But, my friend, what tricks do you have?" "I have only one trick," said the cat. "I can climb trees very fast." "I am sorry for you," said the fox. Just than a number of dogs came up on them. The cat ran up a tree, and sat on one of the branches. The fox could not climb the tree. He could not run as fast as the dogs. The dogs caught up with him and killed him. —The End—

spring

It becomes warmer and warmer these days. Spring comes soon. What do you think when you hear "spring"? Most of people look very happy in spring season. Flowers come out. People can hear song of birds. I think that spring is the most beautiful season of all. And spring is most important for us. When spring comes, we have new life at new place. So I think spring is best season of all. Do you think so too, don't you? Spring season is first season in a year. I hope you will have a good spring season!

LASTLY

At last this newspaper is LAST. This newspaper is the best of all the newspaper that we made.
At first we didn't know how to make. But now we were accustomed to making.
—we always worked on making very hard—
The student in the ninth grade will graduate from Fuzoku junior high school soon. But we won't forget that we made the newspaper written in English.

GOOD-BY

Catch Cold

We catch cold now. Many students are absent, so we feel lonely. I'll show you how to cure my cold. First, it is most important to keep regular hours. If you idle your time, you catch cold soon. It is important for you to gargle your mouth and ventilate the air. Take care of yourself.

I'm ANIMAL...

ツボ 43 ディベートのテーマを決める

●課題
　ディベートは，実践的なコミュニケーション能力をつけるのに適した活動である。目的が明確であり，即興性や論理性等の習得や伝達の戦略的な能力をつけることができる。しかし，実践しようとするとなかなかうまくいかない。どのようなテーマで仕組めばよいのであろうか。

●視点
　ディベートは，テーマを決めることから始まる。テーマはできるだけ身近な題材で，意見が分かれるものを選ぶ必要がある。また，どのような語彙を事前に与えるかを考え，慣用的にディベートを進めるために必要な語彙や語句，文と内容を表す語彙群を学ばせる必要がある。

●実践例
　さまざまなテーマで実施できるが，以下に例をいくつか示す。

> ・Summer vacation is better than winter vacation.
> ・Computer dogs are better than real ones.
> ・Which is better, traveling by car or traveling by train?
> ・Which is better, school lunch or lunch box?
> ・School should (must) have school uniforms.
> ・Students must learn English at elementary schools.
> ・TV is good for you.
> ・Is Gifu city a good place to live?
> ・We should start our school in September, not in April.

　ディベートをするのに必要な慣用的な表現は，次のようである。

◆意見を述べる
I think (that) ... / I'm sure (that) ...
◆意見を述べる。順序立てて，論理的に話す
Firstly, / Secondly, / Thirdly, / Finally,
◆事実を述べる
As you know... / The newspaper tells us that ...
◆理由を述べる
Because ..., / Now I tell you the reason.
◆例を挙げて説明する
For example, ...
◆相手の意見に反対する
I don't think so. / That may be true, but ... / I don't agree ...
◆相手に質問する
I have a question to you. / What do you think about that?
◆同意する　　　　　　◆仮説をしめす
I agree with you.　　　If ... / When ...

　これらの表現は，全てのディベートに共通するが，話題ごとに語彙を用意してやれば低位の生徒も積極的に参加することができる。
　例えば，"Students must study English at elementary school." で授業を仕組もうとすれば，次のような語彙を用意する事は必須であろう。

study [use/speak/write/hear/understand/read/enjoy] English, read a book, read a newspaper, sing a song, travel abroad, strong point, weak point, foreign language, international language, important language, wonderful experience in Japan, necessary language, make friends with, daily conversation

参考文献
中嶋洋一（1997）『英語のディベート授業 30 の技』明治図書出版

ツボ 44 ディベートの指導

●課題

英語のディベートを実施する授業があるが，相手の意見を聞いて，即興的に自分で感じたこと，考えたことを表現することができるので，今後英語教育で大切にしていきたい活動である。しかし，ディベートの授業では，常に次のことが課題になる。

・書いた英文を見て意見を言うことが多い。
・相手の意見とかみ合わない議論になっている。
・相手が理解できないような語彙を使うので，スムーズに話が進まない。
・I agree with you. といった表現は使えても，内容の言及が少ない。
・能力差があり下位の生徒への指導が難しい。

これらの課題を解決する方法はないのであろうか。

●視点

基本的に，トピックを中心とした議論になるため，事前にそのトピックで活用できる語彙を提示し，文を暗記させなくても意見を英語で言えるように仕組むことである。語彙はチャンクで示し，覚えたものを上手く組み合わせて，そのまま発言する際に使えるようにするとよい。

●実践例

中学生の関心が高いと思われる，携帯電話とスマートフォンをテーマにした，実践例を紹介する。平成26年2月の内閣府発表の調査によると，「携帯電話・スマートフォンの小学生の所有率はほぼ30%」である。そのことを受け，スマートフォンを小学生が持つことに賛成か反対かについて，ディベートをさせる。この際，ディベートで使える慣用表現についてもリストを配る。（ツボ43参照）

【表44.1 チャンクリスト】

FOR	AGAINST
convenient	dangerous (/ safe)
useful	expensive (/ cheap)
good (/ bad)	careful
important	right (/ wrong)
send Email	play outdoor
play games	enjoy the nature
call Mother	spend much money
call quickly	pay the smartphone charge
send a message	have some troubles
take pictures	talk face to face
get the information	use a lot of money
save the time	good health
finish *juku*	lose the smartphone
need a cell phone	visit bad websites
find a public phone	use a public phone

【ディベート例】

A: I think that elementary school students may have smartphones. Because they can call Mother or Father when they finish *juku* school. It is very convenient for them.

B: I see your point, but they can use public phones if they need.

A: But we don't have public phones nearby.

B: Then how about asking the *juku* teacher to use the phone?

A: I see. But *juku* has only one phone. Therefore they have to wait for a long time to use it.

B: OK. Then their parents should wait until the *juku* finishes.

A: But their parents are always busy. They don't have enough time to wait.

B: I understand their situation, but the students are very young. The parents should have responsibility to take care of their children.

A: In that point, I agree with you. Speaking of responsibility, they may have smartphones if their parents are responsible for

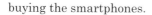

> buying the smartphones.
> B: So it depends on their parents' ideas.
> A: Right.
> --
> A: Elementary school students shouldn't have smartphones. I agree with this opinion, because small students are needed to communicate face to face.
> B: Face to face communication is very important.
>   But it is important to know where the son is playing.

　テーマによっては，どちらかの方が意見を言いやすい場合がある。ここでの課題でも，携帯を持たせない方の意見が言いやすい。したがって，どちらの良さもある「手紙とメール」といったテーマを選択するのもよい。

参考文献
中嶋洋一（1997）『英語のディベート授業30の技』明治図書出版
岸貴彦（2008）『岐阜大学附属中学校英語科指導案』岐阜大学附属中学校

ツボ 45 スピーチコンテストの指導

●課題
スピーチコンテストを指導する際，原稿を暗記するのは，生徒にとって意外にも容易であることは体験を通して感じてきた。しかし，出場するためには当然スピーチ原稿を書く必要がある。中学生は，この原稿書きで一番苦労する。どの様な助言をして，原稿を作成させればよいのであろうか。

●視点
テーマを選ぶ際，生徒自身の実体験であること，鮮明なテーマ性があること，中学生レベルの表現語彙で発表できることが肝要である。テーマが決まれば，何を話したいのかを考えさせ，それを日本語混じりの英文で生徒に書かせる。それを基に，教師と生徒との共同作業で仕上げる。

●実践例
1. テーマを選ぶ
スピーチの素材は，「読書」，「観察」，「思考」，「体験」の4つであるといわれている。中学校のスピーチでは，体験重視の姿勢で取り組みたい。大勢の前でスピーチするからといって，大上段に構える必要はない。中学生らしい身近な問題や中学生らしい着想の主題を選ぶことが大切である。

---
①一番楽しかったこと，悲しかったこと，辛かったことなどを想起する。
②自分の身の回りのこと，友人や家族との関わり，職業をテーマにする。
③浦島太郎など，誰もが知っているような物語のその後の話を創作する。
④「環境問題」「いじめ」等は，実体験と結び付けられなければ避けたい。

---

2. 原稿を書く
原稿を書く際，特に留意したい事項は次のようである。

- 生徒が書いた英文や内容を大切にし，教師や ALT の作品にしない。
- 冒頭は聴衆の心を引きつける表現を使い，主張は抽象的にしない。
- 文と文の結束性を出すために接続詞を多用しない。
- 感情表現の場合，形容詞の一語で表現するのではなく，身体表現やそのときの情景描写をして暗示的に表現する。
- 対話は間接話法ではなく直接話法の方がリアルな演出ができる。
- 代名詞ではなく，人名を使用した方が，臨場感が出しやすい。
- 暗唱がしやすいように，既習の構文を使い，できる限り短文にする。
- 原稿が出来たら生徒に朗読をさせ，発音しにくい語は変える。
- スピーチのリハーサルをクラスの前でするなど事前に体験する。
- 学校教育と位置づけるスピーチコンテストであるならば，英語授業の延長線上としてのスピーチコンテストを目指す。

次の例は，以上を踏まえて，指導したスピーチの原稿である。

Beauty

What do you think when you see your face in the mirror? When I was in kindergarten, I got used to looking at my face in the mirror. I dreamed sometimes that a handsome prince on a white horse would come to my house. So every time I looked at may face in the mirror, I thought "I want to be more beautiful."

When I was eight years old, someone said to me, "Your skin is like burnt toast." I was very shocked. So I applied baby powder to my face. My father laughed and laughed and said to me, "Your appearance won't change, Eri." I became very sad. Some friends of mine said to me, "You look like a boy more than a girl." I was very shocked.

Since then, I have had many similar experiences. My family, parents, two younger brothers and I sometimes welcome guests. One day some guy said to my parents, "You have three nice sons. They seem to be very clever." I had no words to say to him. When driving, even my own father introduced me to a guest, "This is my son, Eri."

The reason for this was obviously my physical appearance. My face looked very boyish. I had my hair short and liked to wear jeans.

At first, I hated to be called Boyish Eri. But when I thought on my behavior, I noticed that I was boyish. I liked to play soccer with my boy classmates. I didn't have any close girl friends. I always played with boys. That makes me a boyish Eri. I've grown far away from my childhood dream.

For all that, I'm a girl and I wish I could be more beautiful. Once I complained to my mother, "It's your fault I don't have a cute face." Then mother said, "Complain to your father. That's his fault." My father said to me, "That's not my fault. God makes a big mistake. I think it's better to have a good heart than a fair face."

Several years ago, I couldn't believe it. Now I think he is right. I believe it more and more each day. I'll explain why. I know a girl who always took flowers to our classroom and arranged flowers. She also cleaned up the area around the teacher's desk. She was not so cute that she seemed warm-hearted.

I also know a girl who arranged slippers at a hospital. I think she thought if there were a lot of slippers scattered on the porch, somebody would slip. By doing so she took care of a person. I like her warm heart very much.

Most people worry about their appearance. A fat girl wants to be thin. A short girl wants to be tall. No one is satisfied.

If we're not satisfied with our own appearance, we'll never be able to develop our inner beauty.

Remember, physical beauty is only skin deep. A person who has a warm heart is the most beautiful.

Are you beautiful?

（岐阜大学附属中学校3年，県スピーチコンテスト優勝）

参考文献
小林えり（1983）「Beauty」スピーチ原稿

指導改善

ツボ46〜59

ツボ 46　Communicative level の指導を目指す

● **課題**

外国語活動の授業は次のように始まることが多い。

> 教師：How are you?
> 児童：I'm fine, thank you. And you?
> 教師：I'm fine, thank you. Let's enjoy English.

児童は，いつも "Fine." と反応するばかりでなく，hungry, thirsty, sad, happy, bored, sleepy, tired などを使い，多様な言葉で返答している場合には，教師の指導が行き届いている感じを受ける。

しかし，その児童の多様な返答に対して教師の反応はどうであろうか。コミュニケーションとして成立しているであろうか。

● **視点**

教師が授業を行う際に，いつも留意すべきことは，教師自身や児童が行う言語活動が，次のどの段階であるかを認識していることである。

① mechanical level（機械的なレベル）
② meaningful level（意味のあるレベル）
③ communicative level（伝達のレベル）

これは，Paulston（1976）が，授業における対話のレベルとして区別し表示したものであるが，この指標を教師は常時自覚して授業を進めるべきであろう。

● **実践例**

上述の教師と児童の対話でいえば，もし I（私）が常に I'm fine. と同じ反応を返している場合には，mechanical level であるといえる。一方，fine の変わりに，hungry, thirsty, sad, happy, bored, sleepy, tired 等と答えた場合には，I（私）が自分自身のことを受けて反応しているため communicative level と言える。また，ここでの教師の反応を見ると，定型ではあるが，And you? に対して適切に返答しているため，meaningful level であると言えるだろう。

では，この教師の反応を communicative level に到達させるにはどうすればよいのだろうか。次のような対話が考えられる。

教師: How are you?

例①
児童 A: I'm hungry.
教師: 　Did you have breakfast? Did you miss breakfast?

例②
児童 B: I'm sleepy.
教師: 　What time did you go to bed last night?
　　　　What time did you wake up? How long did you sleep?
　　　　Did you stay up watching TV?
　　　　Did you sit up late last night?
　　　　You should go to bed early. OK?

例③
児童 C: I'm sick.
教師: 　What's the matter?
　　　　What's wrong with you?
　　　　Do you have a cold?
　　　　Do you have fever?
　　　　Are you well enough to stay in class?
　　　　Did you go to the nurse?

例④
児童 D: I'm bored.
教師: 　Why?

What lesson did you have this morning?

例⑤
児童 E: I'm happy.
教師： Why?
Is it your birthday today?

例⑥
児童 F: I'm sad.
教師： Why? Cheer up.
It'll be OK.

例⑦
児童 G: I'm tired.
教師： Why?
What sport did you just do?

例⑧
児童 H: I'm thirsty.
教師： Oh, I understand.

　授業の活動などで児童に多様な表現を求める今，それに応じて教師側も適切な応答の仕方，すなわち，communicative level を意識した始業時の展開を考えることが大切である。児童の実態に応じて，冒頭の定型の挨拶から不定型なあいさつへ転換することも，コミュニケーション能力育成には不可欠なことである。

参考文献
Paulston, C.B., & Bruder, M.N. (1976) *Teaching English as a Second Language : Techniques and Procedures*. Cambridge, Mass : Winthrop Publishers.
後藤信義（2011）「小・中学校の英語の授業改善」高橋美由紀（編）『これからの小学校英語教育の発展』アプリコット

ツボ 47 言語に含まれる文化性の指導

●課題
学習指導要領の評価の観点に「言語や文化についての知識・理解」がある。これは、音声、文字や符号、語彙や連語、文法事項等の言語材料の知識を得るとともに、言語の背景にある考え方、文化、習慣を理解し、コミュニケーション活動に役立てるための知識を身につける趣旨である。では、言語の背景にある考え方、その文化性とは一体何であろうか。

●視点
学校現場では「言語や文化についての知識・理解」のうち、言語については言語材料等で教えるが、文化についてはクリスマス、ハロウィン、イースター等の行事を紹介しているケースが多い。ただ、そのような文化的な知識は英語の授業でなくとも知ることができる。言語の背景にある考え方や文化は、言語の中に深く潜在しているため理解しにくい面はあるが、「英語」という言語に関わる言語の構造、言語自体に含まれる文化性を、授業では教えることが大切である。

●実践例
①全体を述べて、絞り込む。

> I was out in Hyde Park last Sunday.

英語では、まず漠然と行為を示してから（was out）、次に具体的な内容（in the Hyde Park / last Sunday）を示すのが慣例である。

②話題文から支持文へ

> English is an international language. You'll need it in business and

> in science.

　英語の文章では，最初に話題文（topic sentence）があり，それを支持文（supporting sentence）で論述する構成が一般的である。

③結果から原因を述べる。

> Watch out for small animals. They are sometimes more dangerous than large ones.

　日本語では「大きい動物より小さい動物の方が危険なことがある（原因）ので，小さい動物に注意しなさい（結果）」と言うのが一般的であるが，英語では，上の例のように結果の後に原因や理由を述べることが多い。

④語義の対応関係に注意する

> The local workers wanted to learn how to build roads, bridges, and airports.

　build は，「建設する，立てる」の意味では，日本語と共通だが，この他に build a fire, build a strong body, build vocabularies や "Reading builds the mind." 等の表現に触れれば，語義の広がりが期待できる。

⑤語彙の使い分け
　例えば speak と talk は「話す」と訳される。しかし，speak のコアは speak English と言うように，「言語音を出す」ことであり，talk のコアは talk show のように，「言語でやりとりする」ことである。そのため電話がかかってきて，"Can I talk to Akira?" と聞かれ，本人がでた場合には，"This is Akira speaking." となる。
　このような違いを理解するのは難しいが，コロケーションやチャンクなどを通して，語感を養うことが肝要である。このような例は listen - hear, look - see, say - tell 等，多くの動詞で見うけられる。

⑥語の順序と文化性

　She is tall and slender.（彼女は背が高くやせている）を，She is slender and tall. とは言わない，と英語を母語とする人は口をそろえて言う。どちらも文法的には正しいが，後者が受け入れられないのは，言語に含まれる，物の見方と関係している。

　例えば，四角形の大きさを言う時，日本人の発想では「縦」「横」と，上下と左右の関係で考えるが，英語では通例，length（長さ）と width（幅）を使う。つまり長方形では，縦長の長方形であろうが，横長の長方形であろうが，長いほうを length，短いほうを width と表現するのである。This rectangle is ten centimeters long and five centimeters wide. といった時，下記の長方形すべてに当てはまることになる。

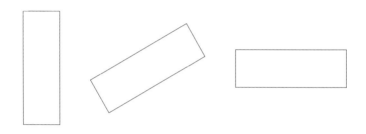

　一方，日本語では，「縦3センチ，横1センチの長方形」と「縦1センチ，横3センチの長方形」ではおそらく，それぞれ異なる印象を受ける。

　上記のことを踏まえ，背の高さの場合も，一般的に人間は背の方が横幅より長いのであるから，length と width の順序に従って，tall and slender と表現するのではないかと考えられる。

　言語に含まれる文化性は，日本語で「高い」と表現される事象でも見受けられる。high のコアは，「位置が高い」ことで，tall のコアは「細長く垂直に伸びて高い」である。したがって，次のように使い分けがされる。

---

　high window　高窓，tall window　細長い窓，tall tree　高い木，high heel　ハイヒール，high forehead　顔の額が広い

参考文献
田中茂範他（2007）『イメージでわかる単語帳』日本放送出版協会

ツボ 48　算数を英語で表現する活動

●課題

小学校の5，6年生にもなると，知的な好奇心が旺盛になる。ましてや，4年生以下から多くの時間数を英語活動や英語学習にあてている学校では，単なる活動中心の授業では児童の欲求を満足させることが難しい。知的好奇心を向上させ，思考や表現力を伴う活動で，もう少し気軽に取り組めるものはないであろうか。

●視点

他教科の一部を英語で指導するという内容重視の方法（content-based approach）を実践している学校（岐阜県多治見市立笠原小学校など）もある。体育や家庭科は，日常で使用される言葉や動作を伴うことが多いため適しているが，準備に費やす時間や場所の問題があるため実施することはなかなか難しい。そこで，教室で気軽に行える算数を勧める。小学校1，2年生で習う簡単な数量や図形を英語で表現させれば，子どもは大変興味を示す。また，算数で学習する記号はある意味，世界共通の言語である点でも扱いやすい。

●実践例

足し算や引き算の表現を使って数字を導入すると，1から10の英語を機械的に言うのとは異なり，コミュニケーションを指向した活動になることは前にも述べた。その他にも，算数は表現形式が共通しており，正解が1つであるという点で，どのレベルの児童も取り組みやすい。

よくペア活動を行うと，生徒の意志とは異なることを言わせることがある。例えば，"What food do you like?" と聞き，それに対する答えをカードで引き，リンゴのカードが出れば "I like apples." と，お米のカードが出れば "I like rice." などと答える活動がある。これらは，本来の "I"（わたし）の意志ではなく，擬似人コミュニケーションである。

また、外国語活動では、学習指導要領の目標に「言語や文化について体験的な理解」と示されていることから、外国と日本の言語や文化の相違点を指導する傾向が強いが、共通性や類似性こそもっと指導すべきことである。その点で、算数の数量や図形が世界共通であることを学ぶことは、大人からすれば当然のように見えるが、子どもにとっては新鮮で意義のある学習である。

さらに、日本語では物の数を表す際に匹、個、羽、本などの助数詞がつく。例えば、1学年の算数の教科書から拾えば、5匹の蛙、5個の栗、5羽の鳥、5本の鉛筆など。英語であれば、助数詞は「five frogs, five chestnuts, five birds, five pencils」等と、複数形にその要素が含まれる。算数の表現の学習を通して、自然なかたちで言語に含まれる文化性も理解することができるのである。

数式以外にも、「3＋4＝7の物語を作ってみましょう」と問いかけ、子ども自身に、英文の文章問題を作らせることもできる。

There are 3 red flowers and 4 yellow flowers.
How many flowers are there?
3 and 4 makes 7. The answer is 7 flowers.

There are 3 boys in the sandbox.
4 girls came in.
How many children are there?
There are 7 children in all.

算数を英語で指導することは、教科の本質に基づく指導もでき、英語の表現だけの問題に留まらず非常に発展性があると言える。

参考文献
文部科学省（2008）『小学校学習指導要領解説 算数編』
後藤信義（2014）「巻頭言・はじめに」『算数で遊ぼう』啓林館
村瀬登志夫編、岐阜県多治見市立笠原小学校著（2009）『伝え合う内容重視の小学校英語活動指導細案』明治図書

ツボ 49　伝統文化を発信する活動の意味

●課題

　「ふるさとを世界に発信」といった発信型の活動が，教科書でも単元末の活動として扱われているのをよく見る。その際，どうしても名所旧跡や特産物の紹介等に陥りがちである。もちろんそれもよいが，それでは，教室にいる全員が知っていることを英語にするだけになる。もっと生徒自身，新たな発見ができるような活動を用意しても良いのではないだろうか。

●視点

　例えば日本の英語教育史について取り組ませるのもおもしろい。生徒が興味を持ちそうな課題の一部を紹介する。
①　初めて外国語助手が英語の授業を行ったのは何時代か。
②　昔はどんな人が英語を教えていたのか。
③　日本で初めての英語の辞書をだれがどのように作成したか。
④　昔はどんな教科書を使って英語を学習したのか。
⑤　明治時代の英語のテストは，今とどのように異なるのか。
⑥　今の教科書と昔の教科書の違いはどこか。

●実践例

　ここでは，「日本最初の英和辞典」として岐阜県恵那郡岩村町の郷土館に置かれている『英和対訳袖珍辞典』の一部を紹介する。
　日本最初の英和辞典は，1814年出版された『諳厄利亜語林大成（あんげりあごりんたいせい）』である。出版されたといっても，この辞書は，写本であるため利用するものは長崎の通訳詞たちに限られていた。
　江戸時代の末期で，外国語研究の主流が蘭学から英学に移り，福沢諭吉や中浜万次郎などによって，ウエブスター辞書が日本へ持ち込まれた。その2年後に，この辞書の初版が出版され，200部はたちまち品切れとなった。岩村町にあるものは，その初版の200部の1冊らしい。

掲載されている語彙は3万5千語あり，次のような書き方になっている。

custom-house	運上所	post office	飛脚所
library	書物ヲ集メテ置ク所	railway	火輪車ノ道

custom-houseは，今で言う「税関」にあたる場所であり，libraryは「図書館」，post officeは「郵便局」，railwayは「鉄道」であろう。それぞれの訳し方や表現に当時を偲ぶことができる。

しかし，どうしてこの辞書が岩村藩にあったのであろうか。岩村藩に藩校「知新館」が創立されたのが，1702年（元禄15年）である。それ以降，さまざまの藩主の文教重視政策によって，藩士の教育水準は高いものであったようである。幕府の昌平校中興の祖，林述斎，佐藤一斎，などの儒学者を輩出したほどであり，幕府との交流も盛んであったようである。

儒学などを学び，蘭学にも素養がある藩士の誰かが，都との交流の中で，この辞書を買い求めたのであろう。

上記のような例がなかったとしても，明治時代の初期に多くの外国人が来日しているので，そのことを話題にしても良い。その中の一人が札幌農学校で酪農を指導したクラーク博士である。農学校を去るときに発した"Boys, be ambitious!"とともに話題にすれば，英語学習を通して日本の歴史や文化に触れることもできる。ちなみに，岐阜県では，チャペルという宣教師が岐阜中学（現岐阜高校）で教鞭をとり，議会で給料の高さが問題になったという新聞記事まで残っている。

このように，ありきたりな町紹介ではなく，話し手も聞き手も新しい情報を得ることができる題材を扱うことで，より意味のある日本の伝統文化の指導ができるのではなかろうか。

参考文献
英語教育史資料（1980）4巻，5巻　東京法令出版
樹神弘（1989）『岩村町歴史シリーズ　その5』岐阜県岩村町教育委員会
田畑きよみ（2013）「藩校を起源とする小学校に於ける明治初期英語教授計画調査―日本教育史資料を基に―」
碓井知鶴子（2007）「教育と福祉の接点―明治初期の岐阜県の場合」『中部学院大学・中部学院大学短期大学部研究紀要』第8号 pp.11-17

ツボ 50　Total Physical Response（TPR）を活用した授業

●課題
　小学校では "Head Shoulders Knees and Toes" という英語の歌を，児童たちは動作をつけて楽しそうに歌っている。教師も身体を使いながらの学習に手応えを感じている。身体全体を使って英語に慣れ親しむこと自体は児童にとって興味や関心がわき，意欲に結びつく。しかし，この活動は関心・意欲の喚起だけであろうか。英語学習の認知的な面でどのような効果が期待できるのであろうか。このことに関して，理論的な背景を掌握したいし，今後の展望も知りたい。

●視点
　英語を聞いて，理解しているかどうかを動作で確認したり，あるいは，動作をしながら英語を覚えたりすることは，すでに様々な中学校での実践研究がある。筆者も昭和49年に中学校で実践している（後藤：1971）。
　それらの多くは，動作をしながら英語を覚えると習得が早く，記憶保持も長いという J.J. Asher の Total Physical Response（J.J. Asher: 1969）の結果が基になっている。

◆ TPR の指導法の長所 ◆
・児童が興味をもって楽しく外国語活動できる。
・情意面での緊張がなく，自然に英語が intake される。
・日本語で意味を説明しないため，動作と英語との間に日本語を媒介させず指導ができる。ある程度の英語を連続して発しても，動作を確実に記憶して，反応することができる。
・低位の児童にとって非常にわかりやすい指導方法であり，学習意欲も喚起される。
・記憶保持が比較的長く，いつでもどこでも活用することができる。また，応用範囲も広い。

指導改善 ●ツボ50

・特別に授業の準備をしなくても実施できる。
・比較的身近な物であれば，それを手に持ったり，相手に与えたりしながら活動することができ，汎用性が高い。

◆TPRの指導法の短所◆
・身体を動かすために広いスペースが必要である。
・英語で言ったことが理解されているかを動作で確認することは比較的簡単であるが，児童に発話させようとすると，かなりの時間を必要とする。

●実践例

以下は，5年生の外国語活動の指導例である。

> 教師：これから動作をしながら英語を言いますので，先生にあわせて，同じように口で言いながら，動作をしてください。
> ・Stand up. Jump. Raise your right hand.
>   Raise your left hand. Put your hands down. Sit down.
> ・Stand up. Go to the door. Open the door. Close the door. Go back to your seat. Sit down.
> ・Stand up. Run to the window. Close the window. Open the window. Go back to your seat. Sit down.
> ・Face north. Face east. Face south. Face west.
>   Turn around. Half turn around. Face north. Sit down.
> 教師：指示されたことを聞いて動作をイメージしながら記憶して，次にその動作をしてください。
> ・Stand up. Run to the door. Open the door. Walk to the board. Go back to your seat. Jump. Sit down.
> ・Stand up. Turn around. Half turn around. Face north. Face east. Walk to the window. Close the window. Open the window. Go back to your seat. Sit down.

ほとんどの子どもは，これら指示を理解・記憶して，言われた順序で動作をすることができる。また，やや難しい活動であるが，教師が動作をして，児童に英語で表出させるのも良い。

様々な組合せを考えれば，多様な活動が可能である。また，教室が狭い場合には，班を単位にした活動も考えられる。

【TPR で使える表現（発展）】

① 物を持たなくて活動できる動作
1　Stand up.
2　Sit down.
3　Raise your hands.
4　Raise your right hand.
5　Raise your left hand.
6　Put your hands down.
7　Put your (right, left) hand down.
8　Face north (south / west / east) face each other.
9　Jump.
10　Turn around (turn right / turn left) = half turn around.
11　Turn around three times.
12　Hold your right arm.
13　Hold your right hand.
14　Fold your arms.
15　Bend your knees.
16　Straighten your knees.
17　Touch your mouth (ears, shoulders etc.).
18　Reach to the ceiling (streach).
19　Go back to your seat.
20　Open your hands.
21　Close your hands (make a fist).
22　Walk (slowly, fast).
23　Clap your hands (big hands).
24　Spread your legs.
25　Move around your right arm (swing right arm).
26　Stand up straight.
27　Sit up straight.

28 Run fast (slowly).
29 Step back (take three steps back).
30 Step forward (take two steps forward).
31 Move around a head (roll your head).

② 小物を持って活動する
1 Pick up a pencil (red pencil, eraser, ruler, pencil case).
2 Put down the pencil (red pencil, eraser, ruler, pencil case).
3 Carry a bag.
4 Walk with a bag.
5 Open the bag (close the bag).
6 Put on your cap.
7 Take off your cap.
8 Put on your shoes.
9 Take off your shoes.

　動作をしながら教えていると，時々英語と日本語の違いに気づくこともある。①の10，11にある例を見ていただきたい。日本語では，「右向け右」は90度右に回ることで，「まわれ右」は180度回転することである。英語で，前者はturn right，後者はturn aroundである。
　しかし，英語のturn aroundは180度回転だけを意味するわけではない。もしジムで運動をしている時に，turn around three times. といわれれば，それは3回転することである。この場合，turn around は1回転の意味で使われている。実際，半回転を文字通り英語にするとhalf turn aroundとなるが，日常的にこのような表現は使用しない。これは，日常生活でturn around といって一回転していては，元の向きに戻ることになり文脈的に意味をなくすことになるためである。

●参考文献
J. J. Asher. (1969). *The Journal of Special Education,* Vol3, No.3, fall.
後藤信義（1974）「Total Bodily Actionによる授業研究」『現代英語教育』研究社 pp. 38-39

ツボ 51　スクランブル活動で授業を充実させる

●課題

　コミュニケーション能力の育成が叫ばれるようになり，またALTが多数現場に配置されてから，スクランブル活動が積極的に行われるようになった。一方，生徒は生き生きと動いているが，言葉が充分に発せられていない活動が目につくことがある。再度スクランブル活動の意義を考え，ペアやトリオ，班活動を充実させるには，どうすればよいかを考えたい。

●視点

　スクランブル活動のメリットは次のようである。
・対話練習が能率的にできる。
・情報を得るためには，文の機能を駆使しなければならないために，自ずとその面での能力が獲得される。
・会話を継続したり，聞き直したり，修正したりする能力が培われる。
・言語形式よりも，話す内容に重点が置かれるため，真正のコミュニケーション能力が培われる。
・自分で話し相手を決められるため，コミュニケーションへの積極的な態度が養われる。

一方，授業を観察していると，次のような課題が浮かび上がる。
・ペアが固定しやすい。
・能力的に同じレベルのペアを選ぶ傾向がある。
・ペアを組む際に，普段の人間関係が影響する。
・個々のコミュニケーション能力の評価が難しい。
・言語活動よりも，相手探しに時間が費やされることがある。

　以上のようなデメリットもあるため，スクランブル活動が言語活動の目的に合致しているかを十分検討して実施したい。また，場合によっては，

指導改善 ● ツボ51

ペアや班分けは，教師の方で指定するとよいだろう。

●実践例

　英語の授業内でのペア活動を行う際，組み合わせしだいで，発話回数を増やすことができる。机列の隣同士，後ろに座っている生徒と，斜め後に座っている生徒とペアを組ませるだけで，3人と対話できる。

　私は経験上，6人で1班が一番よいと思っている。3人での対話が2組できるからである。例えば3人であれば，2人に対話をさせ，それを残りの1人に聞かせ，評価させることができる。人の会話を聞いて，質問をした回数や，内容のおもしろさ等を評価すると，自分の会話でもそこで学んだことを活かすことができる。また，1人が上手く話せなくても，残りの2人が続ければ会話が止まることはない。さらに，他の2人の会話をヒントに，話せるようになることもあるため，低位の生徒にとっては，聞いているだけでも意味がある。

　また，このようにグループ活動を取り入れることで，例えその人が嫌いだとしても，誰とでも対話する機会を与えることができる。人との関わりがうまくできない生徒が多い現状からすると，もっと積極的に取り入れてもよいであろう。さらに，学びは個人で完結するのではなく，他の人との相互やりとりで成立することが多い。したがって，意図的に仕組んだペアやトリオでの活動は，学びの質を向上させる。

　これまでは，情報授受のスクランブル活動や文型練習といった場面でペアやグループで活動を行っている授業が多かったが，今後はディスカッションやディベートなどで，グループ学習を利用してもよいだろう。目的意識をもち，グループの中でもそれぞれが役割を担い，お互いを尊重しながら話し合う活動を取り入れると，よりグループ活動の良さが引き出せる。

参考文献
佐藤学（2006）『学校の挑戦―学びの共同体を創る』小学館
稲垣忠彦・佐藤学（1996）『授業研究入門』岩波書店

ツボ 52 帯活動の工夫

●課題

中学校の週4時間の授業の中で，基礎的な英語の学力を身に付け，意欲的に学習に取り組み，コミュニケーション能力が向上するような授業をするにはどのようにすればよいか。ここでは，授業のシステム改善の観点から考えたい。

●視点

英語の授業では，「導入→展開→終末」の指導過程をとる。これを10～15分を1つのブロックとして考え，授業を帯番組的に組み，指導のシステム化を図る。1時間の授業では，それぞれのブロックの学習内容に関連性がない時もあるが，各ブロックは次回の授業と連接しているため問題ない。数回のブロックの学習を重ねると，あるまとまりのある指導内容となるのである。それぞれのブロックで付けたい力が明確にされているので，生徒はそれに向かって活動する。また，同じようなことを何回も繰り返す授業にすれば，生徒の忘却曲線の下降を防ぎ，遅れがちな生徒にも効果があるだろう。

●実践例

例えば，1時間（50分）で指導することを，10分ずつ5回か4回のブロックに分ける。そして，それぞれのブロックごとに指導目標を設ける。

【表52.1　5回ブロック】

第1ブロック	T-P対話，P-T対話
第2ブロック	スクランブルゲーム
第3ブロック	スピーチ
第4ブロック	教科書の読み及び内容理解
第5ブロック	言語材料を場面の中で生かす活動

【表52.2　4回ブロック】

第1ブロック	語彙のビルド・アップ
第2ブロック	教科書の予想読みとわからないところの印付け
第3ブロック	クラス全体での意味確認と音読
第4ブロック	題材に関する自分の考えを教科書と同じ文体で書く

　毎日の朝読書や朝の漢字ドリルが大きな成果をあげているように，毎日の英語学習の積み重ねは子どもに英語力をつける。易しい英語でも，毎日英語でコミュニケーションをしていると英語がすぐに頭に浮かぶようになる経験は誰にもあるだろう。是非，毎日実施する帯活動を一考して欲しい。

　なお，筆者は瑞穂市立南小学校にいた頃に，1時間目に帯学習の15分の学習を取り入れたことがある。次のように，この帯活動に外国語活動を取り入れると，様々なバリエーションのカリキュラムが可能となる。

第1限（45分授業）

曜日	第1限の活動		
月	外国語活動	漢　字	計　算
火	計　算	視　写	漢　字
水	音　読	外国語活動	計　算
木	読　書	漢　字	計　算
金	計　算	音　読	外国語活動

　以上のように，朝の活動に15分×3回＝45分の「外国語活動」を仕組むことは十分可能である。単位時間の柔軟化が学習指導要領で打ち出されているため，工夫次第では大胆にカリキュラムを改善して，このように実施することが可能である。

参考文献

瑞穂市立南小学校（2003）『基礎学力を身につけ，自ら主体的に学ぶ子どもの育成』研究紀要

富山市立五福小学校（2003）『「基礎的な学習時間」を特設し，学校ぐるみで学力の基礎を鍛える』実践報告

川島隆太（2002）『読み書き計算が子どもの脳を鍛える』子どもの未来社

ツボ 53 英語教育におけるジャンル別指導

●課題

　現行の小学校教育の国語においては，説明的な文章と物語や小説，随筆等の文学的な文章で，指導の仕方を異にしている。しかし，中学や高校の英語の授業では，明確に区別して指導している実践が少ない。どのように教材のジャンルを分析し指導したらよいだろうか。

●視点

　教科書をジャンル別に教材研究をし，それに基づいて指導の手立てを考える。ジャンルは大きく分けると「説明文」「物語文」「随筆文」の３つに分類することができる。

　まず説明文であれば，あるテーマについて，筆者の考えの要旨を把握することが重要になる。日本語で言えば，序論・本論・結論といった文章構成をとっており，それを理解していれば，筆者の考えやその根拠となる理由を的確に読み取ることができる。

　物語文は，時系列で展開することが多い。様々な出来事や思わぬ展開に対する，登場人物の気持ちや心情に寄り沿って読むことが肝要である。

　また，随筆文には，筆者の体験や感想が書かれている。したがって，筆者が実際に体験したことと，筆者が心の中で考えたり感じたりしたことを区別して読み取ることが重要である。

　このような文章の特徴は，国語教育においては小学校段階から指導されている訳で，この力を英語教育にも応用して活用を図りたい。

●実践例

　日本語では起承転結の文章を書くが，英語では逆三角形の文章を書く。最初にテーマや主張を述べ，それを支える理由や根拠を続ける。このような論述的な文章をここでは「テーマ型」とする。また，時間や場面の変化で話が進む文章を「時系列型」とする。この「テーマ型」と「時系列型」を，

文字か音声かで区別した，マトリクスを大垣養老高等学校の中島弘二教諭と作成した。

【図53.1　マトリクス①】

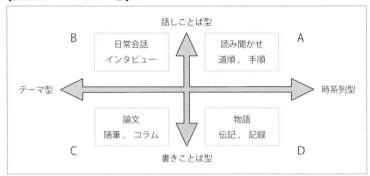

例えば，事象A時系列で進む内容を対話で表す形式で，道順の説明や，料理番組の解説などがそれにあたる。しかし，それが対話と言う形ではなく，「説明書」や「レシピ」など，文字化されると事象Dに分類される。このようなマトリクスを作成すると，文章の構成やしくみが理解でき，どの単元でどのような指導すればよいか，自ずと明確になる。

さらに，ジャンル別の指導では，学習者にとって話題や文章構造が既知かどうかという情報も大切になる。子どもは英語の文章を読むときに，既存の知識を活用するため，既知かどうかによって，当然指導は異なる。

具体的には，次のようなマトリクスを作成することが可能である。

【図53.2　マトリクス②】

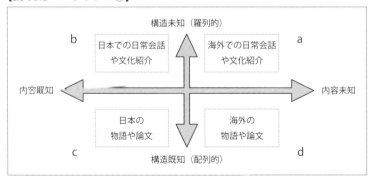

事象aの例として「海外の文化紹介」を挙げているが，海外の文化が身近な内容ではなく，話の展開も予測ができないため，ここに位置づけている。一方，事象cは，内容と構造のどちらも既知であるという前提の文章である。日本の昔話等がここに位置づけられ，これらの文章は生徒にとって最も読みやすいものといえる。

　様々な文章が，このように厳密に分類できるわけではないが，教材研究ををする際に，教師が意識すれば，読むことや書くことのコミュニケーション能力を格段にあげることが可能である。

　ここでは，前述のマトリクスの「B, c」の例として，私も研究に携わっている岐阜大学附属中学校での実践を次のページに掲載する。

教材	NEW CROWN English Series Book 3 LESSON 3 Rakugo Goes Overseas
授業者	水崎綾香（岐阜大学附属中学校教諭）
本時の ねらい	Bryonyさんが書いた日本での生活の文章を即興的に読み，彼女の人物像や生き方について，自分の考えを持ち，話したり書いたりすることができる。

　このレッスンでは，日本の文化である落語について書かれたインタビュー記事を読み，きみ江さんの生き方や考え方について自分の考えが持つことができることをねらいとして，単元を進めてきた。本時では，そのインタビュー形式を活用して，内容的に生徒にとっては初めての教材を即興的に読ませ，読解後にまた，即興的にその内容について対話する活動を行う。ここでは，即興的に読ませたBryonyについての投げ込み資料のみを載せる。教科書の本文と比較すると，構造は同じだが，内容面では全く差異があることが理解できると思う。

参考文献
中島弘二（2014）『英語授業モデルの開発』開発実践報告論文
水崎綾香（2014）『New Crown 3　学習指導案』岐阜大学附属中学校

Tea Ceremony for Bryony   She is John's wife.

M : Bryony, thank you for this interview.(1)
B : You're welcome.(2)   I'm also glad to talk with you.(3)
M : I heard from John that you have learned Japanese tea ceremony.(4)
  Could you tell me more?(5)
B : Certainly.(6)   In Japanese tea ceremony, the performer sits on *Tatami* with *Kimono* and makes Green Tea for the customer.(7)
  I also love Japanese *Kimono*.(8)

M : I see.(9)
  Why did you begin to perform Japanese tea ceremony?(10)
B : When I came to Japan, my friend gave me Maccha Ice cream and I ate it.(11)   It was very good and sweet.(12)
  After that I became interested in "Green Tea."(13)
  So, I went to the culture school of tea ceremony making.(14)
  It's very interesting and cool.(15)
M : I'm impressed.(16)
  Why do you like Japanese tea ceremony?(17)
B : I was surprised to know that tea ceremony has a lot of rules and special meaning.(18)
  When I practice it, I feel very relaxed and can enjoy a quiet time. (19)
  I can really feel the spirit of Japan and its culture from it.(20)
  And also I made many Japanese friends.(21)   We are very good friends and they teach me a lot about Japanese culture.(22)
  It will be a great memory forever, I will never forget it.(23)
M : What's next for you?(24)
B : I want to bring this tradition to people in England, too!(25)
M : Thank you very much for your time.(26)
  I've enjoyed talking with you.(27)
B : My pleasure.(28)

I will recommend her this Japanese tradition!

ツボ 54 音楽を流しながらの外国語活動

● 課題

外国語活動の授業の中で，タンバリンを使って強勢のリズムをとりながら英語学習を進めたり，児童が活動している場面で BGM として音楽を流したりすることがある。学校で学習した曲やクラシック，ポピュラーミュージックなど，使われる曲は様々だが，これは英語学習に効果的であるのだろうか。また，もし効果的であるならば，どのような音楽を使えば良いのであろうか。

● 視点

一つは，英語の時間配分を適切にコントロールするために，音楽をかけて学習活動をさせることがある。つまり，音楽が流れている間は，活動を継続するというサインである。音楽が止まれば，活動を停止し，次の活動に指示を与えなくても児童は動けるようになっていく。すばらしい授業のマネジメントの技法である。これに加え，音楽には，次のような効果があることは知っておいても良い。

①音楽を流すと情意フィルターが下がり，言語習得が進みやすい。これは，サジェストペディアという指導法で言われていることで，バロック音楽を聞くと，ヴァイオリンの高周波数とゆったりとしたピアノの演奏が，心身をリラックスさせ，集中力を高めるらしい。
②外的な音がすると対話者は，大きな声で，はっきりと話さなければならず，それが言語習得に寄与すると考えられる。
③微弱な音が聞こえる方が，無音より，物事を集中させるとも言われる。電車の中でも読書ができるのも，そのためであろう。また，無音だと人間は不安になり，集中力に欠けるとも言われる。
④音楽を聴くと癒されたり，疲れが回復したりするのは，左脳の前頭葉が英語学習に使われ，右脳の感情・情意の部分が音楽を聞くことによ

り，疲れが分散化されるからであると考えられる。

●実践例

　小学校の英語活動では，様々なところで音楽が使用されている。まずは前述のとおり，音楽を時間の区切りや配分を児童に認識させるために，おこなわれている場合も見受けられる。時計の針を気にしなくてよいため，児童はコミュニケーション活動に専念できる。

　また，対話する人を探し，その人から情報を得てくるようなスクランブル活動では，その活動時間中にBGMを流していることが多い。BGMを使って活動の場面や状況を表すことで，よりリアルな場面設定で活動ができる。例えばレストランでの食事の場面では，落ち着いた曲が選ばれ，音量もおさえたものになる。また，BGMを流すと，生徒の情意フィルターが低くなり，発話への積極性が増す。

　他にも，単語の強勢や，文の中で強く発音するところをタンバリンやカスタネット等を使用し，リズムに合わせた語彙指導をよく目にする。これは，語彙，句，文章の発音や抑揚が分かりやすいだけでなく，楽しんで学習できるメリットもある。

　さらに，「振り返りの時間」に音楽を流して1時間のまとめをする授業もある。自分ができるようになったことに気付かせたり，新しい表現を覚えたことを振り返らせたりすることで，学んだことを記憶にとどめる。その間，音楽を流し，振り返ることで左脳を，音楽を聴くことで右脳を使うことになる。左脳と右脳をバランスよく使うことは，学習の記憶やリズムを築くために大切なことである。

参考文献
望月昭彦（編著）（2010）『新学習指導要領にもとづく英語科教育法』大修館書店
茂木健一郎，江村哲二（2007）『音楽を考える』筑間書房

| ツボ 55 | 言語活動のレベルを意識した授業 |

● 課題

　言語活動は行っているが，コミュニケーション活動が成立しているとは言いがたい授業がある。また，授業の学習指導目標に，「コミュニケーション活動を通して，〜の定着を図り，〜できるようにする」と記されているものの，コミュニケーション活動の実態が見えてこない授業を参観することもある。この要因は，授業におけるコミュニケーション活動とは何かが不明確であるためだと思われる。では，教室でのコミュニケーション活動をどのように考え，何に留意して実践すれば良いのであろうか。

● 視点

　教室でのコミュニケーション活動は，実生活とは異なり，言語使用の前に言語学習という過程がある。重要なのは，その学習をいかに言語使用につなげるかという点である。Paulston（1976）は，Drillの活動を mechanical, meaningful, 及び communicative level に区別し，説明している。具体的な表にすると次のようである。

基礎学習	→ 　→ 　→	活用型の学習
機械的な ドリル	意味のある プラクティス	コミュニカティブ タスク
伝統的な 口頭練習	選択活動 information gap 誘導型作文（会話文） スキット，ドラマ	ロールプレイ discussion

● 実践例

　基本文型として　Do you have a brother? − Yes, I do. / No, I don't. を学習する際，brother を sister, grandfather 等に変換させ練習すれば，こ

れは形式に焦点をおいた mechanical level の文型練習になる。それでも，実際に兄や弟がいる人は，Yes, I do. と，いない人は，No, I don't. と答えれば meaningful level に近づく。

さらに，communicative level であるためには，以下のように，新しい情報を加える必要がある。

> Yes, I have a big brother. He is a senior high school student. He is smart, warm-hearted and kind. I like him very much.

もし聞き手が話し手の兄のことについてよく知っているようであれば，communicative というよりは meaningful level の活動になるため，常に聞き手にとって新情報が加味されることが communicative な活動のキーポイントである。

対話文だけではなく叙述文でも同じようなことが言える。

> ア　My cap is blue.
> イ　My father bought it for me as a birthday present.
> ウ　I like the color very much.

アは，帽子を見れば色はわかるので meaningful level の文である。イ，ウは，本人でなければわからない情報であり，他の人には未知の情報であるため，communicative level の文と言える。このように，常にどのレベルの活動を目指しているのかを教師は把握し，授業にあたる必要がある。

言語形式中心（Focus on Form）の活動から，いきなり意味中心（Focus on Meaning）の活動に移るのは難しいものである。したがって，meaningful level や communicative level の活動を少しずつ取り入れ，場面や状況などの文脈の中で情報の授受に関心が向けられるように授業を工夫する必要がある。

参考文献
青木昭六（1984）『英語教育ノウハウ講座・学校英語の到達点』開隆堂出版
Paulston, C.B. & Bruder, M.N. (1976). *Teaching English as a Second Language: Techniques and Procedures.* Cambridge, Mass : Winthrop Press.

ツボ 56 授業を理論的・分析的に省察する

●課題

　学校で使用されている教科書は，基本的には文法・構造シラバスを柱にしているが，伝達重視の教授理論やコミュニケーション理論の考え等，様々な考え方が導入されている。また，日頃我々が実践している授業も，教師の自覚，無自覚にかかわらず，様々な教授法が混在している。このような状況の中で，自分の授業は，どのような英語教育理論や方法に基づき指導しているかを位置づけ，省察し，授業改善に資したいものである。

●視点

　授業で意識すべきことは，指導している言語活動が mechanical level, meaningful level, communicative level のどのレベルであるかを常に省察することである。そして，それぞれの活動を，何のために，誰のために，どのような文脈で，どのような結果を予想して実践しているのかを考える。これが授業計画や実施の基本であると筆者は考える。

　例えば，語彙を教えるのに単語帳を作成し，英語と日本語の対訳を一生懸命覚えることが，本当にコミュニケーション活動に有益に働くのかを考えることである。語彙指導にも様々な方法があるため，それらを吟味し，実際に生徒がコミュニケーションをする際に，語彙を使える指導法を選ぶことが望ましい。

　文構造を指導する場合も，機械的な指導で徹底を図ることばかりを考えるのではなく，出口の活動で，どのようなコミュニケーション活動をできるかも考慮できるとよいだろう。

　この他にも，4技能の統合を図る活動の指導方法や，生徒の認知面や情意面への配慮も大切なことである。これらのことを実践するには，まず普段自分が行っている指導が，理論的にどのような位置づけなのかを知ることが重要である。

●実践例

　授業分析の前に，検定教科書の基本的なシラバス構成を並べる。シラバスが分かると教科書の分析ができ，自らの授業の位置づけが鮮明になるからである。（詳しくはツボ05を参照）

---

①文法・構造シラバス
　文型や文法事項を選択して，配列したシラバス。現在の教科書や指導法も，このシラバスが基底にある。
②場面シラバス
　日常生活の場面での対話等を中心としたシラバス。
③機能シラバス
　「依頼する」「同意する」等，言語機能を中心にしたシラバス。
④題材シラバス
　扱われる話題を中心として配列したシラバス。身近な話題から，少しずつ世界を広げるつくりになっていることが多い。
⑤タスクシラバス
　「自分紹介」等，課題を解決することが目標となるタスクを軸にしたシラバス。

　教科書と同様に，授業者も1つのシラバス系列に偏らず，統合的な指導法を確立したい。そして，授業開発をする場合には，シラバスの妥当性，適時性や実施可能性を常に考慮する必要がある。

　授業分析は先ほど述べたように語彙や文法，言語活動や情意面等，様々な側面から行うことができるが，ここではコミュニケーション活動を例に考えたい。

　コミュニケーションの全体像は，ボーリングの球に例えることができる。球の半分は，発音，語彙，文法，文型，談話能力など，「言語形式」にかかわる能力である。残りの半分は，意味，情報，メッセージ等，言語によって表現される「内容」である。2つの半球が有機的に関連しあって初めて上質なボールになる。形は丸くても，うまく絡み合っていないと真っ直ぐに走らないボールになってしまう。

　次に，コミュニケーションへの積極的な態度である。これは，ボーリングを投げる腕や手の力と考えると理解しやすい。ボーリングでストライク

をとるためには，まずはレーン上で真っ直ぐなボールを投げることがポイントである。この投げる力があって初めてボーリングの面白さを満喫できる。ただしこの力は，個人差がある。コミュニケーション活動をするにも，内向的な生徒もいれば，外向的な生徒もいる。また，社会的なコミュニケーション・スキルを持っている子もいれば，弱い子もいる。したがってコミュニケーションへの積極的な姿勢を常日頃から意図的に育てることも肝要である。

以上を図示すると次のようである。

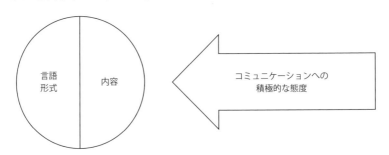

最近の授業では，全体的なメッセージの内容を理解・表現することや，コミュニケーションの態度の積極性が重視されている。しかし，上の図でわかるように，言語形式の訓練を軽視していては，コミュニケーション活動は成り立たない。従前のような言語形式だけに特化した指導ではなく，「言語形式」「内容」「コミュニケーションの積極性」の3つのバランスを保ち，真正のコミュニケーションを通して，英語の力を付けたい。

このように，教師の指導法改善のためには，全体から部分を眺め，全体像の中でバランスや軽重をとり，毎日の授業を創造することが大切である。

参考文献
松川禮子，大城賢（2008）『小学校外国語活動実践マニュアル』旺文社
Stern, H.H. (1983). *Fundamental Concepts of Language Teaching.* Oxford：Oxford University Press.

ツボ 57 質問と発問の使い分け

●課題

　教師が本文の内容について質問する時，本文の中に答えがそのままあるような質問をすることが多い（ここでは，これを「質問」と言う）。本文についての理解や記憶を確認するためである。しかし，内容と既習の知識を統合して考えたり，意見を求めたり，行間を読んで推論できるような質問も大切である（ここでは，これを「発問」と言う）。コミュニケーション能力を「解釈する能力」と考えると，後者をもっと授業に生かすべきである。では，具体的にどのような質問や発問を工夫すれば良いのであろうか。

●視点

　「読む」という行為が，どのような活動であるかを考えることである。従来の「読む」活動は，受動的な活動として位置付けられてきた。しかし，コミュニケーション理論が学習指導要領に反映されるようになった平成元年頃から，受動的な活動だけでなく，能動的で，積極，生産的な活動であることが指摘され始めた。つまり，「読む」とは，読み手がそれまで身に付けてきた知識や経験，文法や文章構造の知識，すなわち，スキーマを活用して，書かれた文章と相互にやりとりしながら，意味を創出していく過程であり，きわめて生産的，創造的な活動なのである。

　このことを Widdowson（2000）は「読みとは，読み手が書き手と意味のやりとり（negotiating）をしながら，解釈（interpreting）をしていく過程であり，決して受動的（receptive）な活動ではなく，産出的（productive）な活動である」と述べている。言い換えれば，「読み」とは作者と読者の共同作業であり，作者の意図を文章だけでなく，絵や写真，図などすべてを活用し，また読者が既知の情報（Background Knowledge）を活用しながら理解していくことである。そうなると，従来の読みの活動を見直す必要がある。

　そのためには，まず Fact Finding Questions（テキストに書かれている表

現をそのまま拾い出せば，その答えとなるような質問）から，Inferential Questions（テキストには直接表現されていないが，テキストの内容と既習の知識を総合すると答えが導きだされる質問）へと移行をしなくてはならない。「質問」と「発問」を区別し，読み取り中心の質問から読み取ったことを読み手がどのように解釈し，表現していくかの発問を取り入れる。

さらには，Personal Questions（テキストとは直接関係のない，読者に対する個人的な質問）も，読みの本質や生徒に考える力を育成するには不可欠である。つまり，生徒に「既有の知識を活用し，テキストの内容を総合的に解釈して，それに個人的な見解を加味して自分の言葉で表出させる」ことである。このことに関して青木(1993)が質問と発問を分けて紹介しているので参考にしたい。

質問	文字通りの理解をみる質問
	再構成又は再解釈を要する質問
発問	推論を求める質問
	評価を求める質問
	個人的な評価表明を求める質問

●実践例

『NEW CROWN English Series 1』Lesson 3 を例にとる。本文は次のような英文である。

Kumi: Do you know kendo?
Paul: No, I don't. What's kendo?
Kumi: It's like fencing. I use this *shinai* for kendo.
Paul: Do you practice kendo after school?
Kumi: Yes, I do. It's fun.

---

1. 質問の例

① Does Paul know kendo?
② Is kendo like fencing?

> ③ What do you use for kendo?
> ④ When does Kumi practice kendo?
> ⑤ Is kendo favorite for Kumi?

　このように，本文に書いてある内容について問う。本文の英語をそのまま使用せずに，表現を変えて出題する場合もある。上の例では like や fun を favorite に替えている。

2. 発問の例　　岐阜県池田中学校の水野幸弘教諭の実践を参考にする

> ① 2人はどこで話しているでしょうか。どうしてそう思いますか。
> 　Where are they talking? Why do you think so?
> ② なぜ久美は剣道を紹介しようとしたのでしょうか。
> 　Why does Kumi introduce kendo to Paul?
> ③ 剣道について他にも紹介したほうがよいことは何でしょうか。
> 　What will you show more information of kendo?
> ④ ポールはこの後，どんな行動をとると思いますか？　なぜそう思いますか。
> 　What will Paul do next? Why do you think so?
> ⑤ このお返しに，ポールは何を久美に紹介すると思いますか。
> 　What will Paul show about his favorite sport?
> ⑥ 剣道はおもしろいと，あなたは思いますか。
> 　Do you think that kendo is fun?

　①は，教科書に場面設定がされていたり，挿絵があったりするので，当然教室と答えるであろうが，それらの情報がなくても，本文から剣道場でないことは想像がつく。このように英文から判断して場面や状況を思い描くことは大切な読みの能力である。
　②は本文の中には記されていない。しかし，放課後も練習しているくらい好きであることは明確である。また，日本の特有のスポーツであるので紹介したいことも想像できる。
　③は本文に全く書かれていない。挿絵や生徒の既知の情報を使い，独特の防具をつけることや，剣道の礼儀作法にも言及することもできる。

④も本文には記されていない。しかし，放課後に久美が剣道をやっていることを受け，ポールが見学に行くなど，いろいろな答えが考えられる。
　⑤も本文には答えが記されていない。したがって，生徒自身が考えることになるが，文脈からするとポールの出身であるアメリカのスポーツや文化について紹介することが考えられる。話の流れを把握した上で，想像させる発問である。
　⑥の発問は，生徒自身への発問である。「おもしろい」か「おもしろくない」か，意見が分かれても良い。「剣道は見ていて楽しい」「どちらが勝ったかなかな素人では分からないところは嫌いだ」など，様々な理由が表現されると良い。これは，自分の考えや評価なので尊重したい。

　以上のように，質問と発問を区別し，「読むこと」の能力や「考える力」を育てるには，機械的な質問だけでなく，テキストから得た情報を通して，読み手が解釈して表現する発問が大切である。

参考文献
青木昭六（1993）「推論とそれを促す発問」『英語教育』Vol.44 No.9 開隆堂出版
水野幸弘（2015）『Lesson 3 の読むことの指導』池田中学校
田中武夫ほか（2011）『推論発問を取り入れた英語リーディング指導』三省堂
後藤信義（1994）「質問と発問を区別し，発問をふやそう」青木昭六（編）『英語授業事例辞典Ⅱ』大修館書店
渡邉時夫（2009）「リーディング」青木昭六（編）『英語科教育法の構築と展開』現代教育社
Widdowson, H.G. (1978). *Teaching Language as Communication*. Oxford：Oxford University Press.

指導改善 ●ツボ58

ツボ 58　T-P 対話から P-T 対話へ

●課題

　英語の授業の雰囲気をつくる目的や既習教材の復習のために，授業の始めに教師と生徒の対話が行われる。その際，教師が先に質問すると生徒は，"Yes." や "No, I don't." などと，短い言葉で答えることはできるが，一言付け足して応えることはなかなか難しい。どうすれば，このような単調な対話から自然な対話の流れを創出できる指導ができるのだろうか。

●視点

　授業の始めに，教材の復習や最近のトピックを題材にしたり，英語の学習の雰囲気を醸成したりするために，T-P 対話が行われる。教師が，まず生徒に質問して生徒がその質問に答えるものである。しかし，素っ気ない応えが続くようであれば，生徒が教師に最初に質問する P-T 対話を実践すると談話能力や会話を続ける方略も身につき，また，楽しい雰囲気になり，授業が一変する。
　P-T 対話を授業の始めに位置づけ，教師が常に答えに付加情報をつけて話し，対話のモデルを示していく。生徒が対話の流れに慣れてきたらP-T-P へと発展していきたい。このことが積極的にコミュニケーションする態度やコミュニケーションを円滑に行う能力の育成につながる。

●実践例

① S: Do you like lions?
　　T: No, I don't. I don't like tigers either.
② S: How do you usually come to school?
　　T: I usually come to school by car. But this morning, I walked to school because we had much snow.
③ S: How many children do you have?

181

> T: I have one son and one daughter. They are elementary school students. They enjoy their school life.
> Do you enjoy your school life?
> S: Yes. I really enjoy my school life. My classmates are very friendly and teachers are warm-hearted...

このP-T対話のメリットは次のようなことが挙げられる。

- 生徒が主体のため情意フィルターが低くなり，リラックスした雰囲気になる。生徒は教師の英語を受け入れやすくなる。
- 生徒からの質問は，他の生徒にも共有できる既有知識を含むため，質問の意味や意図が理解しやすく，教師が応える英語に関しても，それらの知識を駆使して内容を解釈するため，理解力が向上する。
- 生徒の質問に対し，教師が意図的に既習の言語材料を使って多量の英語を聞かせることができる。また，文の機能も系統的，意図的に教えることができる。
- 質問内容によっては，文法的には正しいが，目上の人には言わない言い方や，内容的に失礼な言い方がある。たとえば，「給料はいくらもらっているか」「結婚しているかどうか」など私的で通常は避ける質問などを，ソーシャル・スキル・トレーニングの観点から指導ができる。
- 生徒が自ら質問をつくると，自分の趣味や興味・関心のある事柄を選択するので，学習者中心の話題になる。例えば，"Do you have any hobbies?"と質問できる生徒は，自分の趣味については，ほぼ答えることができる。したがって，T-P-T-Pというように対話を発展させることができる。
- T-P対話を継続的に実施していると，積極的に話しかけたり，相づちをうったりすることに慣れてくる。ALTが学校訪問した時などに彼らが自己紹介しなくても生徒が積極的に質問をし，暗記を越えたコミュニケーションが可能になる。これは学習指導要領の趣旨にも一致する。

参考文献
後藤信義（1994）「T-P対話からP-T対話へ」青木昭六（編）『英語授業事例辞典Ⅱ』大修館書店

ツボ 59　S-T分析を活用した授業改善

●課題

英語の授業を参観すると，教師主導の授業がある一方で，子どもの活動ばかりで教師の適切な指導がなされない授業がある。教えることは確実に指導し，子どもに委ねる所は充分な学習時間の保証をしてやる必要がある。しかし，実際の授業は，教師が計画していたようには進まない。では，どのようにバランスをとり，授業をおこなえば良いのであろうか。

●視点

授業全体の傾向を分析する方法がある。その分析の一つに，S-T分析がある。これは藤田，吉本（1980）が開発したもので，授業中に出現する生徒（S）の行動と教師（T）の行動の2つのカテゴリーに限定し，両者の行動関係がどのように現れるかを分析するものである。既に筆者はこのS-T分析を数回試み，授業者に情報提供しているが，自分の授業を客観的に見ることができるため好評である。

●実践例

1. S-T分析表の作成

授業開始から30秒間隔で，その場面が生徒の行動場面（言語活動，非言語活動）か教師の行動場面（言語活動，非言語活動）かを判断して，右の図のようなS-T分析表に記録していく。生徒の行動であればSを，教師の行動であればTと記載していく。発話等がないときにも，どちらが活動の主体であるかを判断する。

【図 59.1　量の授業分析】

量の授業分析（S-T 分析）

1　期日　　年　　月　　日　　2　場所　　3　教科名　　4　授業者

３０　1分　３０　2分　３０　3分　３０　4分　３０　5分　３０　6分　３０　7分　３０　8分　３０　9分　３０　１０分

３０　１１分　３０　１２分　３０　１３分　３０　１４分　３０　１５分　３０　１６分　３０　１７分　３０　１８分　３０　１９分　３０　２０分

３０　２１分　３０　２２分　３０　２３分　３０　２４分　３０　２５分　３０　２６分　３０　２７分　３０　２８分　３０　２９分　３０　３０分

３０　３１分　３０　３２分　３０　３３分　３０　３４分　３０　３５分　３０　３６分　３０　３７分　３０　３８分　３０　３９分　３０　４０分

３０　４１分　３０　４２分　３０　４３分　３０　４４分　３０　４５分　３０　４６分　３０　４７分　３０　４８分　３０　４９分　３０　５０分

2. S-T グラフに書き込む

S-T グラフは，S と T の累積折れ線グラフである。横軸（T 軸）は教師の行動時間，縦軸（S 軸）は生徒の行動時間を表す。2 つが交わるところが原点で，そこを出発点として S-T 分析表を見て，教師の行動が出現すればT, 生徒の行動が出現すればSが 1 つ目盛り進める。そうすると，授業開始から生徒及び教師の行動時間累積を視覚的に判断することができる。S-T 分析表と S-T グラフをコンピュータで連動しておけばさらに容易に作成できる。

次の例は，中学校 3 年生の英語の授業分析のグラフである（2008. 11. 21　多治見市立M中学校 N 教諭の授業)。この表を見れば，全体が縦に長くなっているので，生徒主体の授業であったことがうかがわれる（逆に横に長ければ教師主導の授業であることが判明する)。また，①から⑤の生徒同士の対話活動の間に，教師の指導が位置づけられていることも概観できる。

さらに，この S-T 分析から教師と生徒の関係を探ることもできる。授業研究会で，どの指導段階に問題があるかを指摘し合う際にも使えるのではないだろうか。

【図59.2 M中N教諭のS-T分析】

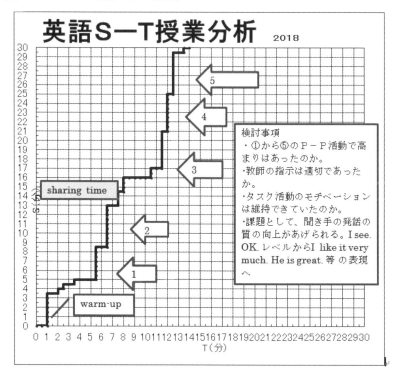

〈S-T分析の長所〉
①授業をマス目の量でとらえることで,教師がいつ行動したのか,その行動がどのようなタイミングで生徒の行動を誘発したのか,その行動がどの程度継続したのかなどを時系列で眺めることができる。
②生徒の学習を時間的にどの程度保証できたのかを検証できる。
③問題解決的な授業では,課題化までにどれくらいの時間を有したのか,また,タスク活動の質を高める授業ではそれぞれの段階でどれ程の時間を必要としたかなど全体とのバランスを見ながら考えることができる。
④時間配分,授業全体のバランスという量的な判断だけでも,特に初任者研修等で有効である。
⑤グラフにまとめることで,時間と動きの再現ができる。たとえ映像では再現化できても,再生していると常に情報が流れていってしまうが,こ

れは一覧表で提示できる。したがって，授業研究会でも，大きく拡大して掲示し，時間と場面をはっきりさせた上で討論ができる。

⑥ 30秒ごとに記録する用紙に，発言の質も記録する欄を設けることもできる。生徒の行動場面（思考，判断，表現，発表，実験，実習，演技，作業）や教師の行動場面（説明，解説，音読，教師の実験，模範演技，板書，教材提示，発問，評価）等も記録するとさらに参考になるだろう。そのようにして質的な分析も表に記入すれば，量的分析と質的分析の統合を図ることも可能である。

〈S-T分析の短所〉

① 小集団活動の時間は，教師の班員への指導も入るが，基本的に生徒の活動の時間にカウントされる。したがって，グループ活動内の実態は把握することが難しい。

② S-T分析は，量の分析なので，質を分析をすることができない。したがって，生徒同士，あるいは教師と生徒の対話の流れ，そこでの発話の質は談話分析などを活用する必要がある。

参考文献
神奈川県総合教育センター（2008）『授業改善のための授業分析ハンドブック』
藤田廣一・吉本英雄（1980）「日常的に活用できる教師教育のための授業分析（S-T授業分析）」慶應義塾大学・香川大学付属高松中学校
明星裕（2008）「S-T分析の実践」関市小中学校教育研究会

評 価
ツボ60〜63

ツボ 60 コミュニケーションへの関心・意欲・態度の評価

● 課題

小学校や中学校に関する研究テーマで,「積極的にコミュニケーションをする児童(生徒)の育成」に類するようなものが多い。これは,学習指導要領に記されているから当然と言える。しかし具体的な児童・生徒像となると,コミュニケーション能力や,声の大きさやアイコンタクト等,可視化できる態度にだけ重点を置いていることがしばしば見受けられる。もう少し広い視野で,この生徒像を描き,評価できないであろうか。

● 視点

ここでは,中学校の生徒をイメージして「積極的にコミュニケーションを図る生徒」の具体的な姿を考えたい。

① 教師の英語による指示や説明に積極的に反応する生徒である。英語が理解できないからとあきらめ,すぐ日本語に直して欲しいと要求するのではなく,主体的に英語学習に向かう生徒である。
② 個人練習であっても,ペアやグループの活動であっても積極的に練習に励む生徒である。
③ 相手が話していることや,英文に書かれていることが理解できないときもあきらめず,理解しようとする生徒である。
⑥ 先生やALTが英語で質問したときに,"Yes.", "No." のみで答えるのではなく,一文を付け加えたり,自分から質問を返したりしてコミュニケーションを継続させようとする生徒である。

以上,列挙したが,これですべてというわけではない。
なお,中学校の観点別学習状況の評価では「コミュニケーションへの関心・意欲・態度」となっており,「外国語や授業への関心・意欲・態度」ではないことに留意する。すなわち,学習態度面ではなく,あくまで,コ

ミュニケーションという活動への関心・意欲・態度の評価であり，具体的にどのような行動をとったかという点を評価する必要がある。

●実践例

理解（聞く，読む）の能力と，表現（話す，書く）の能力に共通する観点をまとめた。

コミュニケーションへの関心・意欲・態度	
全体の観点	・積極的，主体的に英語に向かっている ・推測力を働かせている ・創造性がある ・相手意識を常に抱いて理解，表現している
聞く	・相づちをうちながら聞く　・相手の目を見ながら聞く ・メモを取りながら聞く　・身振りで反応しながら聞く ・推測をしながら聞く　・疑問点を聞き返しながら聞く ・自分の考えや感想が言えるように聞く ・状況を想像しながら聞く
話す	・相手の目を見ながら話す ・間違いを気にせず話す ・ジェスチャーを使って話す ・適切なタイミングで，間をはさみながら話す ・つなぎ言葉などを使い，会話を続けようとしている ・目的や相手などを意識して話す
読む	・大事な言葉や文に注目して読む ・図とか挿絵なども参考にして文を解釈する ・分からない単語や文，文章を推測して読む ・読んだ後自分の考えや感想が言えるように読む ・依頼文や指示文では読んで行動できる
書く	・メモしながら書く ・細かい間違いを気にせず書く ・既習の単語や表現を使って書く ・文の構成やまとまりを考えて書く ・目的意識を持って，まとまりのある文章を書く

参考文献

松畑熙一・和田勝明（1995）『コミュニケーション能力の育成と評価』開隆堂出版

ツボ 61 パフォーマンス課題と評価

●課題

『育成すべき資質・能力を踏まえた教育目標・内容と評価の在り方に関する検討会，論点整理』において，評価の基準を「何を知っているか」という点ではなく，「知っていることを使って何ができるか」を評価する必要がある，ということが述べられている（文部科学省，2014）。

また，『育成すべき資質・能力を踏まえた教育目標・内容と評価の在り方に関する検討会』における「教育目標，指導内容，学習評価を一体的に捉えた教育課程の在り方」では，最近の教育課程編成や教育評価の理論と実践で，「パフォーマンス評価」「ルーブリック」「ポートフォーリオ」等の成果と課題について言及している（文部科学省，2013）。

このような流れの中で，英語ではパフォーマンス課題やルーブリックをどのように考えれば良いか。

●視点

パフォーマンス課題とは何か。パフォーマンス評価の登場の背景やその特徴，またルーブリックなどについて紹介する。これらを，英語科としてコミュニケーション能力の育成の観点から研究し，実践する必要がある。

1. パフォーマンス課題とは何か。

様々な知識やスキルを総合して活用することを求める複雑な課題のことである。言い換えれば，「総合的・統合的」な課題のことである。具体的には，以下のようなものが挙げられる。

・論説文やレポート，展示物のような作品
・スピーチやプレゼンテーション，実験，演技
・口頭での説得ある，筋道立てられた説明や報告

2. パフォーマンス評価（パフォーマンス・アセスメント）とは

　従来のテストによって測定できるような「学力」と規定するのではなく，社会に求められる能力（思考力，判断力，表現力など）を測定するために開発されている新しいタイプの評価方法である。学力をパフォーマンス課題という形で可視化し総合的に評価するものである。

　これはフィギュアスケートの評価方法に例えられる。フィギュアスケートでは複数の審判員が実際の演技を見て，一定の採点基準に沿って採点する。一方，パフォーマンス評価では，パフォーマンス課題を遂行し，それを採点者が「ルーブリック」と呼ばれる採点基準を用いながら評価する。

3. パフォーマンス課題のポイント

　パフォーマンス課題を考える際，以下の点に注意する。
・評価したいと思っている能力ができる限り直接表れている。
・整合性のある，具体的にはまとまりのあるプロセスを含んでいる。
・知識や技能などが，複合的に用いられている。
・本物（authentic）に可能な限り近い状況を含んでいる。
・場合によっては，価値的な内容（その子の特性）が含まれている。

　また，実際に評価をする時も，採点することだけではなく，一人一人の作品や振る舞いから子どもの思考や判断の過程を見ることが重要である。英語で言えば，子どもの表現に表れている特徴を把握して，限られた語彙や文法事項でいかに工夫して表現しているかを見定めることが大事である。また，評価を，教材研究や指導方法の研究に役立てることも大切である。

4.「ルーブリック」とは

　ルーブリックとは，パフォーマンスの成功の度合いを示す数値的な尺度と，それぞれの尺度に見られる認識や行為の特徴を示した記述語からなる評価基準表である。ルーブリックは横軸を「観点」，縦軸を「レベル」として，観点ごとにレベルが一目でわかるようになっている（横軸，縦軸は逆でもかまわない）。「観点」は，例えばアピール性，読者意識，新奇性，具体性，関連性といったものが挙げられる。英語のルーブリックでは，4つの観点を視野に入れながら，文法・文型的な能力，談話的な能力，社会言語的な能力など，コミュニケーション活動ができるかを測る。

●実践例

『NEW CROWN English Series 2』Lesson 4

〈パーフォーマス課題〉

「自分の理想の部屋を紹介しよう。理想の部屋の絵を見せないで紹介して，誰の部屋が一番良さそうか，グループで決めよう。」

〈パフォーマンス例〉

My dream room is at the top of the house with a beautiful view of the ocean. People have to knock before they come in. The room is big and blue with posters of my favorite singers. The bed is high and I have to clime a ladder to go to sleep.

At one end, there is a TV set so I can watch movies in bed.Under the bed there is a desk with a lap top. I can do my homework there.

Next to the window, there are two chairs. Between the chairs, there is a dock for my MP3 player. I can listen to my favorite music every day.

There is a small table in the center of the room. So I can eat a snack. And there is the kettle on it. I can easily make a cup of tea.

Finally, there are two doors on the wall. One door is for my own bathroom, and the other door is for my walking-in closet. This is my dream room. What a fantastic room!

〈パフォーマンス課題に対してのルーブリック〉

	原理・一般化に関する理解	知識・技能
A	私の理想の部屋について，場所描写がまとまりのある文章で言え，その理由も4つ以上の視点で紹介することができる。また，最後に，まとめの言葉で結ぶことができる。	There is の構文を使うことができる。On the wall, in the room, by the bed 等の場所を表す言葉が使われている。なぜ良いのか，理由も言える。個性が発揮された内容である。
B	私の理想の部屋について，場所描写ができる。また，その理由も2	There is の構文を使うことができる。On the wall, in the room, by the

	つ以上の視点で言える。さらに，まとめの言葉で結ぶことができる。	bed等の場所を表す言表現が使われている。 なぜ良いのか，理由も言える。
C	私の理想の部屋について，断片的，羅列的に場所描写ができる。また，理由が1つ以上言える。	There isの構文を使うことができる。単語レベルで理由が言える。

参考文献

文部科学省（2014）『育成すべき資質・能力を踏まえた教育目標・内容と評価の在り方に関する検討会 —論点整理—について』

文部科学省（2013）『育成すべき資質・能力を踏まえた教育目標・内容と評価の在り方に関する検討会』（平成25年1月27日）

松下佳代（2007）『パフォーマンス評価』日本標準ブックレット

田中耕治・香川大学附属高松小学校（2010）『活用する力を育むパフォーマンス評価』明治図書

Sylvia Wheeldon. (2013). Get Ahead 2. Oxford : Oxford University Press.

西岡加名恵（2010）「思考力・判断力・表現力の評価に必要なパフォーマンス評価」『指導と評価』図書文化，9月号

ツボ 62　Cloze Test の活用

●課題

　学習した単元の英文の音読や意味確認，新出単語や文型の練習を宿題として課すことがある。しかし，宿題のチェックは時間がかかる上，決まりきった音読，単語や文型のテストでは単調すぎて生徒の意欲の低下を引き起こす。どうすればこのような問題を解決できるのであろうか。

●視点

　Cloze Test を活用することである。Cloze Test は C-Test とともに，総合能力テストとしての妥当性や信頼性が高いテストである。わずかな時間で作成，実施，採点ができ，しかも客観性があり，実用性にも優れている。では，その Cloze Test はどのようなテストであろうか。

　作成は簡単である。ある程度のまとまりのある文章を選ぶ。そして，それの各6番目（実際は何番目でもよい）に当たる単語を機械的に消去する。固有名詞や数字などが6番目に当たる場合は，それらをカウントするか，しないかを決定して一貫性をもたせる。そして，各々の空欄に単語1語を記入させる。

　このテストは日常の授業過程で本文の内容の理解度を測ったり，まとめの段階で実施したり，あるいは，宿題のチェックをするために使用できる。

　ただし，Cloze Test を実施する際，文章選択や作成上の基準（約350語がよい，50カ所程度の空欄にする等），実施上の注意事項（スペリングの間違いは間違いとみなさない，30分程度の時間で実施する等）なども考慮しなければならない。ここでは，中学生に活用させるとすれば，どのように導入できるか，宿題のチェックとしての活用方法を提案したい。

●実践例

　1単元の学習が終了したところで，英文の音読と意味確認をする宿題を出し，次ページのような Cloze Test を実施する。このテストの作成及び

評価 ● ツボ62

実施の手順は次のようである。

①文脈や状況を把握できるように，1～2文は原文をそのまま残す。
②次に，2～3行目から，6語目を機械的に空欄にする。
③テストを実施する。既習の語なのでスペリングは正確に書かせる。
④自己採点でも相互採点でもよい。できる限り早くフィードバックする。

以下は，『NEW CROWN English Series 2』のLesson 6を例に作成したものである。

Uluru

Ayers Rock is a famous place in Australia. It looks like a mountain, (　) it is actually a very (　) rock. It changes its color (　) the day. Sometimes it looks (　) and sometimes it looks purple. (　) year, 350,000 people visit the (　). Ayers Rock is just a (　) to visit to these people.

(　) rock is a sacred place (　) the native people, the Anangu. (　) have their own name for (　), Uluru. They started to live (　) the rock over 40,000 years (　). They deeply respect the rock (　) everything around it.

【Cloze Testのメリット】
○文脈を考えながら解答するので，英語の総合的な力がチェックできる。
○このテストで宿題をチェックすると，復習を充分できていないと空欄が埋まらない。従来の新出単語とか新出の英文のテストは機械的であるが，このテストは，言語の内容と言語形式の両方をみることが可能であり，言語メッセージの送り手の意図を的確にくみ取ることができる。
○何より簡単に作成でき，採点も簡単である。
○筆者が期末テスト等の点数とこのテストの相関関係を調査したが，高い相関関係があった。これは，様々な文献からも支持されていることであり，当然の結果である。そうであるならば，Cloze Testをもっと，活用することである。

○教科書の文章を会話文から叙述文に，また，叙述文を会話文に書き直し，英文を作成して実施すると，解答時間は長くなるが，総合的な力を評価できる。
○どうしても時間がかかるようであれば，空欄に入る選択肢（3〜5語）を用意して，実施することも可能である。この場合は，総合的な力と言うより，読解力を測定していることになることは留意すべきである。
○リスニングテストのかわりに，会話文を使ったCloze Testも実施できる。実際のリスニングテストとの相関も高いと言われるが，中学校現場では，リスニングが教室内で測定可能であるから特別使用する必要はない。

【Cloze Testのデメリット】
○総括的な評価としてはCloze Testを使用できるが，学校内の中間，期末テストでは，診断的，形成的な評価の面も含まれる。したがって，Cloze Testには限界があり，上記のように家庭学習の間接的なチェックとして使用することが望まれる。
○Cloze Testは点差が開く可能性がある。特に「遅れがちな生徒」には充分配意する必要がある。
○教科書の本文のまま使用のCloze Testでは，本文の暗記を強要するようなことになりかねない。しかし，本当の目的は，暗記することにあるのではない。あくまで，文意がとれて，しかるべき言語形式の習得があれば点数はとれるのであるから，暗記を強要することは避けたい。

参考文献
高橋貞雄ほか（2012）『NEW CROWN English Series 2』三省堂
佐藤史郎（1988）『クローズテストと英語教育』南雲堂

ツボ 63　C-Test を取り入れた授業

●課題

　単語や基本文を書くテストが小テストとして日常的に行われる。これらのテストは，基礎基本の定着という点では，重要なテストであるが，やや機械的になりがちである。他に，簡単にできて，生徒が意欲を持ち，さらに英語の語彙力や読解力を付けることができるテストはないであろうか。

●視点

　前述の Cloze Test 以外に，C-Test が考えられる。筆者の中学校の実践では，C-Test の方が生徒への動機付けにつながったと考えられる。
　C-Test は Cloze Test とともに読解能力の測定方法として，外国語の一般能力を測定する総合力の評価として注目を浴びた。このテストを日常の授業過程で本文の内容の理解度を測ったり，まとめの評価の段階で実施したり，予習の理解度をチェックしたりするために使用できる。

●実践例

　教科書の本文の学習が終了したところで，次ページのような C-Test を実施する。このテストの作成及び実施の手順は次のようである。

> ①文脈や状況を把握するため，1〜2 文は原文をそのまま残す。
> ②次に，2〜3 行目の文から機械的に，2 語目の単語の半分を消す。
> ③テストを実施する。不足している後半のスペリングを書けばよい。
> ④自己採点でも，相互採点でもよい。できる限り速くフィードバックする。

【C-Test のメリット】
○文脈を考えながら解答するので，Cloze Test と同じように総合力がチェックできる。

○単語の後半部分を書けばよいので、平均点が Cloze Test より高くなり、生徒が意欲的に取り組む。低位の生徒でも、2〜3割の正解が得られ、動機付けになる。
○音声重視の授業形態では、どうしても言語材料（語彙、文法、文型事項）の定着が十分できない傾向があるが、この C-Test は、単語の後半部分を書くために、語の変化（3人称単数現在形の "s" や名詞の複数形の "s" 等）などに注意が向けられる。
○下の例はまとめの段階で行った事例であるが、新しい教材の予習の理解度をチェックする場合にも使用できる。
○補うべき箇所（後半部分の空欄）を機械的に作成するのか、意図的に作成するのかなどは、テキストの内容や生徒の実態に応じて変えることも可能である。
○ここでは、本文をそのまま利用しているが、要約文を使用したり、情報を付加したりして、目的に応じて選択することも可能である。

以下は、『NEW CROWN English Series 3』の Lesson 6 を例に作成したものである。

I Have a Dream

Dr King later made a speech in front of the Lincoln Memorial. I ha__ a dre__ that m__ four lit__ children wi__ one da__ live i__ a nation whe__ they wi__ not b__ judged b__ the col__ of the__ skin bu__ by th__ content o__ their chara__, I ha__ a dre__ today.

I have a dream th__ one da__ ... our lit__ black bo__ and bl__ girls wi__ be ab__ to jo__ hands wi__ little whi__ boys an__ white gir__ as sist__ and brot__. I have a dream today.

参考文献
高橋貞雄ほか（2012）『NEW CROWN English Series 3』三省堂
Klein-Braley, Christine. and Raatz, Ulrich. (1984). A survey of research on the C-Test, Language Testing, No1.1, No.2.
後藤信義（1994）「C-Test を日々の授業に活用する」青木昭六（編）『英語授業実例事典 II』大修館書店

その他
ツボ64～70

ツボ 64 CAN-DO リストの作成

● 課題

　学習到達目標の設定にあたって，卒業時や学年ごとの目標を「CAN-DO リスト」の形で，設定することを求められるようになった。この目的は何だろうか。年間計画をどのように改善すれば良いか。また，今までの実践に何を付加したら良いのか等，施策レベルと実践レベルを見通して，今後の在り方を考えたい。

● 視点

　現行学習指導要領では，全教科に共通することであるが，指導する教科の目標や内容は示されているが，児童生徒が身につけるべき資質や能力の具体的な水準（いわゆる到達目標）が示されていない。その到達目標を明確化すべきであるという議論が活発に行われており，その結果として，次の学習指導要領では，パフォーマンス評価（到達目標）が明示されそうである。また，英語科としても，「英語を用いて何ができるようになることを目指すか」という観点から，「CAN-DO リスト」を作成し，コミュニケーション能力を育成することが強く求められている。この全教科の動向と英語科の「CAN-DO リスト」を連動させて考える必要がある。なお，「CAN-DO リスト」は，外国語の観点別学習状況の評価のうち，特に「表現（話す，書く）の能力」「理解（聞く，読む）の能力」の観点の評価表であることは，文部科学省も明言している。

　「CAN-DO リスト」の趣旨や具体例は，平成25年3月にまとめられた「各中・高等学校の外国語教育における「CAN-DO リスト」の形での学習到達目標のための手引き」に示されている。したがって，この手引きを参考にして，作成の趣旨，及びパフォーマンス評価との関係を検討する。

1. 作成の趣旨及び目的

　英語は，グローバル社会に生きる子どもの可能性を広げ，国際競争力を

高めていくうえで、重要な役割を果たすことになる。平成23年6月の「外国語能力の向上に関する検討会」がとりまとめた「国際共通語としての英語力向上のための5つの提言と具体的施策」の提言1において、「生徒に求められる英語力について、その達成状況を把握・検証する」と記され、英語力を達成するための目標（学習到達目標）を「言語を用いて何ができるか」という観点から、「CAN-DOリスト」の形で具体的に設定するように提言された。

また、この「CAN-DOリスト」の目的を私流にまとめてみた。

①子どもの学習の到達度、理解度を把握して、検証・評価できること。指導と評価の一体化と言われるが、到達目標を明確にすれば、学習指導の在り方を見直すことができ、個に応じた指導にも生かすことができる。
②子どもの学習意欲を向上できる。目標を共有することで、それを達成する自覚が芽ばえ、自律的な学習者としての態度が身につき、また、その目標に到達することで達成感や満足感も得られる。
③英語は小中高と「コミュニケーション能力の育成」という一貫した指針があるため、この「CAN-DOリスト」を教育課程の編成や授業改善に反映する意義は大きい。三校種を通して、系統性や妥当性も検討できる。
④学習到達目標を、「（英語を用いて）〜することができる」という能力記述文で設定することにより、4技能を有機的に結びつけ、総合的に育成することができる。
⑤「教科書を教える」のではなく、「教科書で教える」と言われるが、言語活動の到達目標が言語材料に片寄っており、目的意識が欠けているためである。この到達目標を活用することで、これらを克服することができる。
⑥このリスト作成は各学校に任せられたため、学習指導要領の目標を地域の実態や各学校の生徒の能力に応じて、具体的な目標に設定し直すことが可能である。

2.「パフォーマンス評価」との関係

前述の通り、「パフォーマンス課題」とは、様々な知識やスキルを総合して、活用するような統合的な課題である。具体的には、論説文やスピーチ、プレゼンテーションなどが挙げられる。学力をそのパフォーマンス課題という形で可視化し、評価する方法を「パフォーマンス評価」とい

う。その特徴は，現実の世界において人がその知識や能力を試される状況を模写したり，シュミレーションしたりすることで評価する点にある。「CAN-DOリスト」は英語を使い，何ができるかを目標とするため，パフォーマンス評価とほぼ同じ理念や目的，特徴であると言える。したがって，「CAN-DOリスト」を作成し実施すれば，英語科におけるパフォーマンス課題や評価を作成，実践していると言明してよい。

●**実践例**

まずは，中学校で言えば，「1年や2年，3年終了時に，何ができるようになっているか」を，具体的な状況（目的意識，方法意識，状況意識，読者意識，評価意識）を設定して記載する。

例えば，「表現能力」で言えば，1年生終了時では，「自分の身の回りことについて表現できること」を基本的な目標として，次のような3つの活動を行うことを想定した「CAN-DOリスト」を作成する。

【CAN-DO ①】

自分及び家族の名前，年齢，職業，性格や特徴，趣味，住んでいる所などについて，家族写真を提示しながら紹介できる。

〈活動例〉
今度，アメリカ人の12歳の子が，皆さんの家でホームステイをすることになりました。皆さんの家族のことをできる限り詳しく，口頭で紹介してください。持ち物は家族の写真だけです。

〈パフォーマンス例〉
This is my family, father, mother, sister, the dog, Pochi, and me. My father is 42 years old. He is a company employee. He is tall and slender. He always says, "I'm young and handsome." But I don't think so... (以下略)

【CAN-DO ②】

自分の普段の生活について，帰宅してから翌朝学校へ行くまでを，

時系列を軸に，様々に表現できる。

〈活動例〉
中学校の生活について様々なことが問題になっています。孤食，携帯電話，睡眠時間，朝食を食べてこない子の増加等。自分のクラスの実態を調査したいと思います。クラスメイトに，普段の生活について調査するアンケートを作成してください。最低10項目設けてください。

〈パフォーマンス例〉
1) Do you eat dinner with your family?
2) How long do you usually sleep?
3) How long do you use iPhone?
4) What time do you get up?
5) What do you have for your breakfast? 等

【CAN-DO ③】

学校行事や各教科の授業について，写真を提示しながら説明できる。

〈活動例〉
自分たちの学校の行事や各教科の授業を，ホームページに英語で紹介します。写真を用意して，どんな行事や授業か，いつ行われるのか，何をしているところか等，その時の様子を詳しく書いてください。

〈パフォーマンス例〉
　In our school, we have a school trip in October. In this picture, students are visiting Todaiji temple. They are listening to the volunteer tour guide… （以下略）

①〜③の例は，どの教科書にも準拠するような「CAN-DOリスト」である。これらの例は「表現能力」に関するものなので，活動例は「口頭で話すこと」「アンケート項目やホームページを書くこと」となっているが，これらに限らず，どの活動も基本的には，「話すこと」及び「書くこと」の表現活動として位置づけることができる。

2，3年も同様に，その学年の基本的な目標を考え，具体的な3〜4つの話題を決め，「何をすることができるのか」という学習到達目標を考える。リストは地域や各学校で作成するため，ある程度のユニークさがあって良い。ただし，教科書で教えられた言語材料（語彙，語句，文法事項等）や言語活動を充分に考慮し，作成することが望まれる。もし言語材料面で不足するところがあれば，その学年終了時に3〜4つの活動が円滑に実施できるよう，年間計画の中で補充をしておくとよい。あくまでも，各学年の3月の終了段階で，これらの活動の準備に時間を費やさなくても，即時的に，生徒が対応できるような表現能力をそれまでにつけておくことである。

　最後に，筆者は岐阜大学附属中学校在職時代に，1学年で「①自分及び家族の紹介」を3月末に実施したことがある。どの生徒も，10分程度，日本語を使わず英語で紹介することができていた。これは，最後の活動を見越して，生徒と学年末の活動を共有しながら，年度当初から授業に組み込んできた成果である。具体的には，教科書以外に1学期に親の職業を言わせる指導をし，2学期には，家族の特徴や性格を言わせるために使える形容詞などの語彙を指導した。また，家族の写真は，1年間使用し，新しい表現を覚える度に，情報を付加し，表現を蓄積させた。

　実践の省察として，これらのことは，決して難しいことではないことを申し添える。また，子どもにとっても10分間日本語を使わずに，英語だけで即興的に表現できたことは，自信につながる充実感のある活動となった。

参考文献

文部科学省（2005）「各教科等の到達目標の明確化の在り方について（論点整理）」
文部科学省（2013）「各中・高等学校の外国語教育における「CAN-DOリスト」の形での学習到達目標のための手引き」
松下佳代（2007）『パフォーマンス評価』日本標準ブックレット
田中耕治・香川大学附属高松小学校（2010）『活用する力を育むパフォーマンス評価』明治図書
田中耕治編著（2011）『パフォーマンス評価〜思考力・判断力・表現力を育む授業づくり』ぎょうせい
西岡加名恵（2010）「思考力・判断力・表現力の評価に必要なパフォーマンス評価」『指導と評価』図書文化，9月号

その他●ツボ65

ツボ 65　協同学習の必要性

●課題

　英語の授業を参観すると，教師一人に対して多数の生徒を対象としたような講義形式の授業が目につく。また，協同学習と言うとペア活動のみをイメージされる場合が多い。一方，小学校の学習指導要領の総則には，学校や児童の実態に応じて，グループ別指導や協同学習の必要性が記されている。また，中学校英語科の学習指導要領にも，「指導計画の作成と内容の取り扱い」に「ペアワーク，グループワークなどの学習形態を適宜工夫すること」とわざわざ言及する記述が見られる。なぜ今，協同学習が重要視されるのか。英語に協同学習を導入する意義は何か。授業形態だけではなく，協同学習の本質的な意義，役割等について考えたい。

●視点

　協同学習が重要視される理由を，世界や日本の実社会を視野に入れたレベル，文部科学省をはじめ国や県，市町村から示される施策レベル，学校の現場レベル，そして協同学習と学びという学際的レベルで考える。

1. 実社会レベル

　現代は，ボーダレスの時代，異文化共生の時代と言われるように，産業，文化，政治等全ての分野で旧来のパラダイムの変換が迫られる時代である。加えて，リーマンショックのように，経験したことのないような世界規模の課題に直面すれば，何が原因で，どこにゴールがあるのか，いつまでに解決するのかといったことが，曖昧模糊とした状況の中で課題解決が図られる。このような状況で，専門家が一人で課題に取り組むには限界があり，多面的で，多角的な見地からの意見が得られる協同作業が重要になる。

　そして，我々がすでに経験していることではあるが，地域の活動で住民が話し合ってハザードマップを作成するなど，協同作業がかなり身近な実社会でも認知されている。一方，OECDのPISA調査では，「情報相互の

関係性，解釈，自らの知識と経験を結合することが日本人の生徒は苦手である」という結果が出ている。これを克服するために，協同学習は効果的であると多くの識者が指摘している。

2. 施策レベル

　学習指導要領の改訂の最大のねらいは，「言語活動」の充実である。言語には3つの働きがある。1つ目は，思考の手段としての働き。2つ目は，コミュニケーションの手段としての働き。3つ目は，情緒や感情を表出する働きである。これらの働きは，人とのやりとりや，協同で討議や作業をすることによって培われる能力でもある。より多く思考し，コミュニケーションをとり，感情を表出できる機会を作るには，協同学習が最適である。

　また，コミュニケーション教育推進会議（平成23年8月29日）の審査経過報告に記されているように，生徒間暴力やいじめ等の遠因に，コミュニケーション能力不足があることが指摘されている。これらを改善するために，話し合い，関わり合う活動の充実が求められる。さらに，全国学力・学習状況調査の国語科では，「目的や意図に応じて聞き手を引きつけるように話すこと，話の中心や話し手の意図をとらえながら聞き，適切に質問することなどの必要性」を課題提起している。一斉授業でこれを実践するには時間的にも，学習効率面からも限界があり，協同学習などを取り入れて小集団で体験させる必要がある。

　最後に，今次「総合的な学習の時間」の目標に「…問題解決や探求活動に主体的，創造的，協同的に取り組む態度を育て…」と記され，「協同的」ということばが付加された意味は大きい。それぞれが個性を発揮しながら，協同で課題追究していく意義を示しているのである。

3. 現場レベル

　協同学習は，生徒が自己肯定感を得られやすい活動である。グループの他の人に認めてもらうことは，自己存在を確認できるからである。また，協同学習は，社会的対人スキル（ソーシャル・スキル）を養う。人と関わるスキル，人間関係を維持し発展させるスキル，共感するスキルなど，コミュニケーションのために必要な様々な技能を習得できる。

　さらに，協同学習は一人一人の学びの保証ができる。上位の子どもにとっては，他の学習者に教えることが，自分の思考を明確にすることに結

びつく。一方，低位の子どもは，自分が分からないところを周りに聞くことができ，疑問に思ったことを即時に解決できる。

　最後に，協同学習はメタ認知能力を伸ばすことができる。相手との関わりの中で，自分の知識を問い直し，知識を再構成し，自己を省察することができるからである。また，それぞれの子どもが生育歴，既得の知識，経験，環境が異なるため，協同学習を行うことで様々な価値観が存在し，多面的，多角的な見方があることを認識できるようになる。

4. 学際的レベル

　協同学習については，既に多くの学校での実践がある。ただし，それらの実践は，課題遂行の目的を果たすための手段であったように思う。これからは，協同学習も教育活動の内容そのものであるという認識で，全教科および英語の授業に取り組みたい。

　結論的に言えば，英語も，他教科も，協同学習は，コミュニケーション能力を育成する手段であると同時に，協同学習自体が学びの内容であり，両方を求める必要があるということである。逆に，協同学習のない英語の授業は，「学び」になっていないと言うことである。

　以上，協同学習の意義や役割を述べた。次に，英語科による協同学習の役割や意義について検討する。なぜ協同学習を行うのかと考える際，そもそも英語という言語を学校教育の中で学習させる意味は何か，コミュニケーション能力を獲得させるにはどうすべきか，という英語教育の本質的な議論をすれば，自ずと答えは導き出される。英語科においても，前述した実社会，施策，現場，学際的レベルの意義，役割はそのまま適合することができる。その上で，英語の特質から協同学習の意義を考えると次のようである。

①コミュニケーションの本質は"interaction"である。4技能の全てに相互やりとりがあり，常に相手意識をもつことが大切である。よって，これらの4技能の習得は，他者の存在が顕在的であるペアやグループ活動を通して行うことで，学習効率が高まる可能性が高い。
②学習者はインプットだけではなく，ある程度の量の英語をアウトプットする必要があり，そのためには当然，小集団での学習が必要になる。
③コミュニケーションを図るには，気軽に話すことができ，安心して間違

いや失敗ができるような，良好な人間関係づくりが不可欠である。
④「聞く」「話す」活動をトリオにすることで，対話を第三者の立場から観察，評価する人を位置づけることができる。
⑤「書く」活動でも，生徒同士で校正すると間違いに気付いたり，新しい表現を習得できたりするため，書く能力が伸びることが指摘されている。
⑥「読む」活動で朗読をする際，グループでそれぞれが役を演じると，個々の責任が明確になり，レベルの高いパフォーマンスが実現できる。

●**実践例**
　筆者は常時，グループの形態で指導をしてきた（ツボ51参照）。言語活動を活発にさせるために，ペア・グループ活動は必須であるからである。以下に，ペア・グループ活動の留意点をまとめる。

①グループ活動が，常態化するように指導過程を考える。グループはある程度固定し，例えば前期は生活班，後期は意図的なグループ編成にする。グループ編成は，学力レベルが異なる男女混合の4人か6人グループが理想である。
②グループを固定したら，毎時間，誰と誰がペアを組むのか，班長に指名させるとよい。その際，平等にペアが組めるように表を作成させる。
③英語が得意な子も不得意な子も，みんながわかるように話すことが大切で，教え合いながら学習することが英語習得にプラスになることを指導したい。

参考文献
文部科学省（2008）『中学校学習指導要領解説　外国語編』
長井義邦, 臼井泰, 後藤信義（1976, 1978）「表現力を高めるための教材編成と学習過程」『岐阜大学附属中学校研究報告』岐阜大学附属中学校
後藤信義, 井村晃（1982）「充実した言語活動を生み出す英語学習」『岐阜大学附属中学校研究報告』岐阜大学附属中学校
佐藤学（2006）『学校の挑戦　学びの共同体を創る』小学館
稲垣忠彦・佐藤学（2011）『授業研究入門』岩波書店
文部科学省（2011）「コミュニケーション教育推進会議資料」平成23年8月29日
文部科学省（2008）『国語科学習指導要領』
小林正幸・宮前義和（2007）『子どもの対人スキルサポートガイド』金剛出版

ツボ 66 「英語で授業」の実践

●課題

高等学校の学習指導要領に,「英語の授業は実際のコミュニケーションの場面とするため,授業は英語で行うことを原則とする」(文部科学省,2009)と明記された。高校がそうなるのであれば,中学校でも日本語を最小限にして,英語で授業を実施するのは当然である。しかし,英語の入門期である中学校には負担が大きすぎることも明らかである。では,「英語で授業」をどのように考え,どのような実践をつめばよいのであろうか。

●視点

英語の授業は英語で行うことを目指すのは,文部科学省が推進する「使える英語」を指向するためには必要なことである。しかし,生徒の実態,授業の環境を考慮すれば,妥当な線として,8～9割は英語を使用する程度で良いのではないかと思う。

それでも,8～9割は英語での授業となると,日頃日本語を多用している教師にとっては,大きな課題である。言語材料をどのように教えるのか。習熟に時間がかかる生徒が困るのではないか。学力差が今以上に広がるのではないか。さまざまな疑問が浮かび上がる。今の授業の教材,授業形態,指導方法,評価方法をそのままに,英語で授業をすれば,生徒は困惑してしまうことは明らかである。つまり,英語の授業を抜本的に改善する必要があるわけである。

●実践例

授業を原則的に英語で行う際の留意点や効用は何か。

①コミュニケーション能力はコミュニケーション活動を通してのみ身に付く。知識として,どれだけ語彙や文法事項を覚え蓄積していっても,聞いたり,話したり,読んだり,書いたりする能力が身につくわけではな

い。したがって，言語材料を指導だけではなく，言語活動を通して習得させることが重要である。

　例えば，言語材料を中心とした授業を英語でやるならば，多くの英文例を示した後，それを文法としてまとめるという帰納的な授業が望ましい。従来のように文法事項を英語で説明しても，生徒がそれを理解できず，結局日本語で説明することになっては意味がない。挿絵や写真を多用しながら，生徒が多くの文生成を通して，言語材料の習得を目指す授業へと改善する必要がある。

②教師も生徒も，言語習得過程で「間違えること」は当たり前であるという考えを共有する。間違えても構わないので，徐々に間違いの数を減らすという姿勢をもつ。ただし，global error に関しては，間違いを適時指摘するなど，指導を徹底することは言うまでもないことである。

③言語には2つの「意味」があると言われる。1つは文字通りの意味，もう1つはその状況や文脈に即した機能的な意味である。原則英語で行う授業であれば，教室内で，この2つの意味を体験的に学習できる場面を設定できる。

　例えば，進行形を学習した後の授業で，隣同士で私語が絶えない生徒がいれば "What are you doing?" と怒って言えば良い。その際に，生徒が状況をわかっていれば，"I'm sorry." と反応するであろう。"I'm talking with my friend." というような返答はしないのである。言葉の使い分けも，英語に満ちた教室であれば体験的に習得させることができ，英語の細かいニュアンスの違いや語感が習得できるだろう。

④教材には，教授材と学習材がある。教授材は，基本的に教師が提示する写真や小道具で，学習材は生徒が手にするワークシートなどのことである。原則として英語で授業を行おうとすれば，生徒が手元に置いて活動できる学習材が必要である。

⑤授業をある程度パターン化することで，授業の進め方を説明するために，日本語を多用することを避ける。パターン化すると授業が硬直化するのではないかと疑問が出てくるが，それは活動内容の問題であり，さほど関係なく，生徒は意欲的に活動するものである。

⑥コミュニケーション活動を通して，多量のインプットと多量のアウトプットを確保するため，授業を計画する際は，どの指導過程の段階で，どれだけの量のインプットやアウトプットをさせるかを綿密に考える必

要がある。
⑦ 1〜2割を日本語で話すとき,教師も生徒も「英語で表現できないのではなく,言語形式や言語活動として,重要事項であるから日本語で話す」という共通認識を持つべきである。したがって,語句や文法事項,文の構造を説明する時など,「重要なので日本語で説明した方が適切である」と教師が判断した時だけに日本語を使うべきである。
⑧ 評価はできる限り,ペア・グループで実施する。ペアの活動であればトリオにし,1人の生徒が2人の対話を評価するように仕組む。原則として英語で進めようとすれば,指導の内容,方法と評価の一体化を常に意識したい。
⑨ 教師も英語だけで生徒に伝えるための工夫がいる。例えば,身振りや表情を交え,写真やイラストを活用して,説明や紹介をすることが求められる。また,単語や話の内容が抽象的であれば,具体例を示したり,同じ内容を様々な表現を用いて伝えたりすることが必要である。
⑩ 教師の使う英語だけでなく,生徒が授業中に使用する表現を計画的に指導する。そして毎時間,生徒がそれらを使用しているかどうかチェックする。どうしても,生徒は安易な方へ流れて日本語を使用してしまうため,根気よく指導することが望まれる。

以下の "Classroom English for Students" は生徒用に作成した表現の一部であるどのような授業を構想するかにより,生徒に与える表現も異なるので,これらを参考にして自作していただきたい。

〈授業を始めるとき〉
Mr. Goto is coming. / Who is my partner today?
I'll decide today's pairs. / Let's begin checking our homework.
Do you have your file? / I left my file at home.
Did you do your homework for today?

〈指示をするとき〉
Let's start checking. / Let's change our notebooks.
Pass the paper round. / Will you share it with B? / Let's go on.
Look at the fifth line from the top. / You try first. / You try next.

〈確かめるとき〉
Do you understand? / Am I right? / Are you ready?
Have you finished yet? / Wait a minute. / May I ask a question?
We have only five minutes left. / Do you have any questions?
Who will try? / Any volunteers? / Can I help you?

〈わからないとき〉
What does it mean? / I can't understand this. Pardon?
What do you mean? / How do you say it in English?
How do I pronounce it in English? / Read a little more slowly.
Speak more clearly. / I'm sorry I can't explain it in English.

〈ほめるとき,とがめるとき〉
Good. Excellent. / You did very well. / Stop chatting. / Be serious.
You are doing better than before. / Please do better next time.

　最後は,「構え」である。教師も重要事項の説明以外は日本語を使用しないという構えである。そうすれば生徒も苦しいけれど英語の時間は英語を使い通すという構えをもつことができる。妥協をしだすと,どうしても安易な方へ流されるのは,教師も生徒も同じである。しかし,これを乗り越えさえすれば,8〜9割は英語で授業をすることは意外と乗り越えられるハードルである。

参考文献
渡邉時夫監修（2003）『英語が使える日本人の育成』三省堂
後藤信義, 井村晃（1982）「充実した言語活動を生み出す英語学習」『岐阜大学附属中学校研究報告』
後藤信義, 井村晃（1985）「充実した言語活動を生み出す英語学習―スピーチに視点をあてて」『岐阜大学附属中学校研究報告』岐阜大学附属中学校
長井義邦, 臼井泰, 後藤信義, 井村晃（1987）『OUR WORD BANK』岐阜大学附属中学校
後藤信義, 井村晃（1988）「学習者主体の生き生きとした言語活動を目指して―教科書を中心とした教材開発」『岐阜大学附属中学校研究報告』
文部科学省（2009）『高等学校学習指導要領解説　外国語編　英語編』

ツボ 67　単元構想図の作成

●課題

　研究授業の指導案が肥大化している。教材観や生徒観並びに指導観が記され，単元構想図，単元指導計画，各単位時間の詳細な授業案が作成されている。この中で何が一番大切かと問われれば，私はいつも単元構想図であると述べている。次に，単元末の活動（パフォーマンス）。最後に，指導の流れが分かる略案の学習指導案の3枚である。
　単元構想図と出口の活動さえ確立していれば，あとは臨機応変に授業をすればよいため，参観する授業は略案で充分である。では，なぜ単元構想図がそれほどまでに大切なのか。その考え方と具体例を示す。

●視点

　従来は単元指導計画が教科書出版社から出されているため，それを参考に授業をする場合が多かった。しかし，「単元でどのような力をつけるのか」「単元の出口の活動はいかにあるべきか」など，課題が浮かび上がり，また，メタ認知的な観点から「学習の見通しや振り返りの必要性」が学習指導要領にも記されるようになった。そこで，考案されたのが，単元構想図である。1枚の紙に構造的に記載するのが原則である。

1. 単元構想図に入れるべき項目

・つけたい力
　4技能やCAN-DOリストから，単元末につけたい力を明確にする。
・つけたい力の言語活動別表示
　つけたい力を「話す」「聞く」「読む」「書く」のそれぞれの言語活動別に具体的な文言で示す。言語活動の数は，つけたい力に応じて変化する。
・単元を貫く課題
　「つけたい力」はどちらかというと教師側の観点であるため，生徒には単元を貫く課題を明示する。

・基礎的基本的な内容に関わること
　本文をどのように扱うか，意味内容，言語形式，言語機能の面から分析して，記載する。特に，言語機能についての言及は不可欠である。
・練習の場の設定
　どのように，文の内容とその働きを加味しながら，コミュニケーションに結ぶ練習ができるか検討する。機械的な練習にならない工夫が必要である。
・ミニ・パフォーマンス及びパフォーマンスの設定
　単元の出口の活動で，各自がパフォーマンスをする場合には，それに向けて，教科書を活用しながら進めるかを検討する。
・単元とその他の学習内容の関連性
　単元の基盤となる，習熟を図りたい学習内容を可視化させ，既習事項や，今後学習する内容との関連を考えながら授業を構想する。

2. 単元末の活動（パフォーマンス）

　単元末の活動は，どうしても考えておくべきものである。これが決まれば，どんな活動を各単位時間に仕組むかが明確になる。生徒の作品例（パフォーマンス）はここでは紙面の関係で割愛する。

3. 指導案

　指導案は略案でよい。一般的に，参観者は英語教師を含む関係者であるため，英語教育や授業の体験・知識と見識がある。したがって，大まかな授業の流れが分かれば充分趣旨は伝わる。ただし，目標と出口の活動は詳細に記したい。

●実践例

　次ページに『NEW CROWN English Series 3』の Lesson 7 の単元構想図を掲載した。Y中学校の廣瀬浩一郎教諭（2012）の単元構想図である。

参考文献
三省堂（2011）『平成 24 年度版　中学校教科書内容解説資料』
廣瀬浩一郎（2012）『授業開発実践報告』岐阜大学教職大学院

その他●ツボ67

【図 67.1　単元構造図（廣瀬，2012）】

3年生 Lesson 7　将来の夢についてインタビューに答えよう　単元構造図（全9時間）

◎本単元で着目した言語の働き：「説明する」「質問する」
◎本単元でつけたい力
・話す：一つの問いに対して、つながりのある2〜3往復の問答をすることができる。
・聞く：質問とそれに関する応答に着目して、対話における質問者の意図と応答を聞き取ることができる。
・読む：まとまりのある英文について、話し手の主張点や書き手のメッセージを読み取ることができる。
・書く：「want + A + to 〜」の文型や間接疑問文を用いて話した英文を語順に気をつけて書くことができる。

本文にもあったように、今自分がなりたい職業とその理由を話すことができました。相手の質問に応じて、2〜3往復の会話を続けることができてうれしかったです。

【統合的に活用する場】

第8時
○面接試験という場面設定の中で、「将来の夢」を含んだ質問をしたり、答えたりして、対話を継続させることができる。
教科書：P87
・面接の場面で、会話をつなげたり、広げたりして続けよう
・次の場面設定で面接活動を行う
《場面設定》あなたは、ある試験の面接で、①〜⑨の質問の中で、⑨（将来の夢）ともう一つ質問をされます。自分の願いが伝わるように答えよう。
・質問例⑨（夢についての考えを問う質問）についてメモを作成する。
・面接の場面で⑨+もう一つの質問を交えて、対話する。（相互評価までする）
・面接を受ける立場で話した英文をノートに書き、ペアでチェックする。

第9時
○「want + A + to 〜」と間接疑問文の意味、機能、形式について理解を深めることができる。
教科書：P88,89
・「want + A + to 〜」と間接疑問文を復習しよう
・「want + A + to 〜」について復習し、理解を深める。
・間接疑問文について復習し、理解を深める。
・Sounds に取り組み、発音とつづりについて理解する。

【教科書で4技能を総合的に習得・習熟する場】

第6、7時
○新聞に取りあげられるほどの William が何をして、どのような少年なのかを視点に読み取り、彼の「すごさ」を理解できる。
教科書：P84,85,86
・William が何をしたのか、どのような少年なのかを読み取ろう
・写真やマラウィに関する情報を見て、背景知識を活性化する。（必要に応じて国の様子をインプットする）
・新出語句の確認→読み取り→視点：「世界を変えるような彼の行ったことは何か」
・In reading 1→2→3 に答えながら、大まかな流れを確認する。（板書で、それぞれの効果を整理する）
・教師の問いに答え William がどのようなところが「すごい」のかをつかむ。（William のすごいところはどこか、○なぜそう思うのか）
・内容理解をもとに音読する。（リピート→個人→一語読み→センテンス読み→個人読み）
・Try の問いに答え、William についての感想を述べる。I think William is a kind person because he thought, "What can I do to help my sister?" など

第2時
○2人のインタビュー内容から聞いていること、主張を読み取り、そのインタビュー場面を役割設定することができる。
○want + A + to 〜 の文型の形式に慣れることができる。
教科書：P80
・マリアとポリスになってインタビューに答えよう
・視点：「2人が主張したいことは何だろうか」
・新出語句の確認→読み取り
・2人の気持ち・状況を確認する。
・音読（個人→斉→アクセント読み→（　）書き詰め→read and look up）
※教科書本文を生かした言語活動
・インタビュー形式に rewrite した教材でロールプレイする。
教科書：P81（第3時）
○tell,ask,want の形式と機能的・意味的な違いを理解し、場面にあった台詞を考え、表現できる。
・1つの Listen に取り組ませる。
・場面にあった台詞を考えよう
・2つの問いに答え、練習をする。
・「次のような場面でどう言うか」を考え、その台詞を交流する。→話した英文をノートに書く。
・Word Corner の英文を解釈する。

第4時
○2人のインタビュー内容から考え、主張を読み取り、そのインタビュー場面を役割設定ができる。
○間接疑問文の形式に慣れることができる。
教科書：P82
・カルロスと洋になってインタビューに答えよう
・視点：「2人が主張したいことは何だろう」
・新出語句の確認→読み取り
・2人の気持ち・状況を確認する。
・音読（個人→斉→アクセント読み→（　）書き詰め→read and look up）
※教科書本文を生かした言語活動
・インタビュー形式に rewrite した教材でロールプレイする。
教科書：P83（第5時）
○自分の10年先（25歳まで）の人生設計（仮の、理想の）を説明することができる。
・1つの Listen に取り組ませる。
・自分の将来設計を語りあおう〜この先10年のプラン〜
・Word Corner の語彙を理解する。
・25歳までの自分の人生設計をメモする。
・メモをもとに理想の生活について交流する。
・発話した英語を文でノートに書く。

【単元の学習の目的・言語材料を理解する場】

第1時　単元の学習目標をつかもう
○教科書 P79 の挿絵と教師の口頭導入から教材のトピックと中心となる言語活動について理解できる。
○単元の学習目標を理解するとともに、単元を貫く課題に対して課題意識をもつ。
○「want + A + to 〜」の文型や間接疑問文の意味、機能、形式について慣れることができる。

【単元を貫く課題】
自分の将来の夢、計画についてインタビューに答えよう
【生徒の課題意識】
「ある面接試験で…自分の夢を聞かれる」そんな場面で、自分の考えをしっかり言えるようにしたい。それに、1文で終わらないで、理由やきっかけなども話せるようになりたい。

本単元の基盤となり習熟を図りたい既習の基礎的・基本的な内容

単元名	言語の働き	習熟を図りたい基礎的・基本的な内容
2年生　Lesson 1	質問する	仲間に過去のできごとについてたずねること
2年生　Lesson 3	質問する 説明する	仲間の将来の夢をたずねること
3年生　Lesson 3	発表する 意見を言う	尊敬する人物について質問すること

ツボ 68　他教科と外国語活動の相違

●課題
　英語以外の学習や指導は，全教科を教えることが基本である小学校教員は比較的理解しやすいが，小学校の専科や中学校の教師には，各教科の特徴や違いを把握することは大変難しい。しかし，他教科の指導内容や指導方法を知り，考えることで，英語の指導に役立てることができる。では，どのように，教科間の相違点と類似点を把握すれば良いのであろうか。

●視点
　まずは学習指導要領と教科書を並べて，その記述を比較し，相違点と類似点を検討する。次に，教科書を用いて，授業の構想を練る。扱う単元がどの指導内容であるか，どう指導するかを考える。なお，一人で取り組むことは労力も時間も必要になるため，他教師との協働を薦める。

●実践例
1. 教科の特徴
　学習指導要領解説の内容と教科書の単元名が一致する教科と一致しない教科がある。次のようである。

一致する教科	一致しない教科
社　　会	国　　語
算数・数学	生　　活
理　　科	音　　楽
体　育（保健体育）	図画工作・美術
家　　庭	外国語活動・外国語（英語）
技　　術	

　一致する教科は，単元名だけで何を指導すべきか予想がつく。そのため，その内容をいかに指導するかを研究すればよい。一方，一致しない教科は，教科書を見ただけでは，ここでどんな力を身につけさせるのかはっきりと分からない場合が多い。例えば国語の目次に「モチモチの木」，音楽の目

次に「ふるさと」と書かれていても，どんな力を付けるのかは想像しにくいわけである。したがって，指導法を考えるというよりは，経験を基に教科書をそのまま教えるという結論に至る可能性があり，その点は留意しなければならない。

2. 英語の特徴

英語の場合は，学習指導要領解説と教科書の単元名が一致しない。

単元名は教科書会社の独自の編集であり，具体的な指導活動の例は各教科書会社の指導書で提示されているに過ぎない。したがって，教師が，題材を研究し，言語活動を通して，音声，文字，語や連語及び慣用表現，文法事項の言語材料の定着を図り，単元末の活動をどのように仕組むかという単元指導計画の全体像を作成しなければならない。

また，そのために，教授材や学習材を別途に用意することも必要になる。また，単元末の生徒に要求するパフォーマンスによっては，各単位時間に適切な語彙や表現形式を教科書に追加して指導していく必要がある。

したがって，ある意味，英語教師に委ねられている部分が多くあり創造性を発揮しやすいが，逆に考えると指導は大変難しいと言える。

以上のような英語科や外国語活動の特徴を把握すると，先取的で独創的な授業を展開することが可能である。

参考文献
山形県教育センター（2010）『授業研究ハンドブック』p.10

ツボ 69　入試を視野に入れた授業改善

●課題

「高校入試が変わらないから，現場の中学校の英語指導法が変わらない」とか，「大学入学試験が変わらないから，高校の英語指導法が変わらない」と言われてきた。しかし，少なくとも各県の公立高校の入学試験は大きく変わってきた。また，大多数が受験する大学入試センター試験も，リスニングが導入されただけでなく，出題内容も大きく変わってきている。小学校外国語活動や中学校英語科の授業を担当する教師は，英語教育に携わる以上，児童生徒の各校の出口（入口とも言えるが）の試験を視野に入れることも，授業開発をする上で必要なことである。では，具体的にどのように改革が進んでいるのだろうか。

●視点

筆者は，「県の高校入試や大学入試センター試験の視点からも英語の授業改善をする必要性がある」と提言したい。これらの試験問題で高得点を得ようとすれば，リスニング力，多読，表やグラフから読み取る力，コミュニケーションの手段としての言語，標識やサインなどの言語や文化の知識，及び自分で表現する力が必須である。

そうであるとすれば，中学校の段階から教材の分量を多くし，補助的なリスニング教材や読み物教材を扱う必要がある。また，低位の生徒に配慮しつつ，できる限り all English で授業をする工夫も必要である。

●実践例

高校入学試験でも，大学入試センター試験でも，近年の傾向は次のようである。

まず，限られた時間内で多量の英文を読む問題が増えた。センター試験ならば 80 分，岐阜県の高校入試の場合，一般入試で 45 分で長文を解く。一文一文の訳を考えていたら，時間内に解答することは難しい。概要を的

確に把握する読みができなくてはならない。また，教科書内の英文では入試の分量には満たないため，それ以上の量の英文を速く読むことも必須である。

また，いわゆる文学的な物語文は出題傾向が減り，説明文や論説文が多くなってきた。論理的な文章を読ませ，思考力，判断力，表現力を試そうとしているのである。そして，どの段落とどの段落が意味的な結束性があるのかを問うような問題も頻繁に出題されるようになった。文レベルの出題から文章レベル，段落レベルへと変化してきているのである。

文法を問う問題においても，文章や対話の流れを理解し，その文脈に沿ったものを考えさせる問題になった。旧来の文法問題はほとんどなくなり，発話や文生成で，文法を活用するような出題傾向である。

また，リスニング問題でも，話されている内容から状況等を想起し，そこから考えられる答えを導き出すものが多い。

例えば，平成22年1月10日実施の大学入試センター試験のリスニング問題の第1問は次のようである。

W: What are you talking so loudly?
M: I'm practicing my part for the drama festival.
W: OK. Can you finish by nine? I go to bed early.
M: Sure.

問1　What annoys the woman?
① The man's voice.　　② The noise of the bed.
③ The sound of the festival.　　④ The TV drama.

（大学入試センター，2010）

他にも，全体の意味が理解できてはじめて，解答が得られるような問題もあり，またリスニングに限らず「話す」「書く」表現の問題でも，オープンエンドで，個人の表現の多様性を図ることを意図した問題が増えている。

参考文献
大学入試センター(2010)「平成22年度本試験問題　英語（リスニング）」

ツボ 70　脳科学の知見を英語教育へ

● 課題

　脳科学の最近の進展はめざましい。そしてその成果が，川島隆太，森昭雄，養老孟司，茂木健一郎氏など脳科学者のベストセラーの出版物から，我々にも理解しやすい形で届いている。これは，磁気共鳴イメージング装置（MRI）の映像化方法の開発の発明により，生きたまま我々の脳を知ることができるようになったことから始まる。

　文部科学省も平成17年度に脳科学者をメンバーに入れて，「情動の科学的解明と教育への応用検討会」（平成17年度）を発足させた。学術レベルでは，「脳科学的視点から見たカリキュラム開発」に早稲田大学教授の安彦忠彦（2003）らの研究が公表されている。また，すでに教育現場では，瑞穂市立南小学校（2003）のように脳科学の知見を活用した音読，視写，計算練習などの実践がある。さらには，香川大学教育学部附属坂出小学校（2007）のように「脳神経科学との連携から新しい時代の学びにせまる」を研究テーマの副主題にして研究する学校もある。さらに，英語の分野においても，私の知る範囲内では，大石晴美（2008）が「脳内を最適に活性化する教授法とは」を執筆している。

　教育現場において，学力面では学習意欲と基礎基本をいかに定着と活用をさせるか，生徒指導面では，感情をコントロールできない子やコミュニケーションを充分に果たせない子への支援など解決すべき課題が多い。このような問題を解決するために，大脳の「前頭前野」の活動に注目することを，多くの脳神経学者が指摘している。脳科学の知見が教育に応用できる範囲が広がっているのではないだろうか。

● 視点

　英語教育のような認知と情意に関する分野を理解するには，脳の組織と役割をまずは把握する必要がある。中でも，思考，コミュニケーション，記憶の伝令，意欲等に関わる「前頭前野」の役割は把握しておくべきとこ

ろである。また，短期記憶に関わる「海馬」や長期記憶に関わる「側頭葉」は英語の語彙，文の構造等の記憶に大きな役割を果たす場所で重要である。それに加え，記憶の質に関する意味記憶やエピソード記憶に関しても英語学習との関わりが大きい。

●実践例

外国語活動の授業では実践はないが，国語の音読，漢字，視写，読書，算数の計算などを朝の45分の時間を3等分して，15分学習として1年間（平成14年）試行した。子どもの学力状況調査では，期待以上の成績であった。認知，情意の全ての面で非常に効果的であったことを覚えている。実際，岐阜県瑞穂市立南小学校では現在（2015）でも朝の15分の基礎学習は継続し，既に10年以上の月日が経過している。

このように，英語の授業改善は，脳科学の知見を導入すると，様々な方向へと発展する可能性を秘めている。今後の脳科学の研究の推移と英語教育学者への応用に注目したい。

参考文献
安彦忠彦（2004）「脳科学的視点から見たカリキュラム開発」『早稲田大学教育学研究科紀要』第15号
川島隆太（2002）『読み書き計算が子どもの脳を育てる』子どもの未来社
森昭雄（2002）『ゲーム脳の恐怖』生活人新書，日本放送出版協会
養老孟司（2003）『バカの壁』新潮新書
茂木健一郎（2004）『脳の中の小さな神々』柏書房
大石晴美（2008）「脳内を最適に活性化する英語教授法とは」『英語教育1月号』大修館書店
瑞穂市立南小学校（2004）「基礎学力をつけ，自ら主体的に学ぶ子どもの育成」『平成15年度研究紀要』
香川大学教育学部附属坂出小学校（2007）「研究の全体計画」『研究だより』平成18・19年

あとがき

　「今日の英語（外国語活動）で何を学んだか」と生徒に質問した時に，生徒が「動名詞をやりました」とか「過去形をやりました」と答えたとしたら，この授業はどんな授業であったかがわかる。多分，言語材料の定着の授業であり，内容重視のコミュニケーション活動中心の授業ではなかったことが推察できる。
　一方，「他者紹介」「税関での対話」「昨日の生活について対話して情報を英語で整理した」「教科書の内容について賛成，反対の意見交換をした」と答えれば，コミュニケーション重視の授業が展開されていたと予想される。
　また，「教科書の物語（説明文）の内容について君はどう思うか。英語で言ってください」と尋ね，英語で意見が言えれば，どんなレベルの授業が展開されていたか想像できる。多分リーディングの本質を踏まえた授業が展開されていたと想像できるからである。
　様々な授業を見せてもらうと，コミュニケーション能力の育成を目的とした授業が多い反面，その方向性と逆行するような授業も見受けられる。

　小学校に外国語活動が導入された。長年，中学校現場で指導してきた者にとって，最初は大きなショックであった。英語が専門でない先生が見事に授業を展開されるのに驚きの連続であった。幸い，瑞穂市の南小学校への校長として赴任し，英語の専門の担当者がいないこともあり，教材を開発し授業をすることになった。1週間に1時間の授業は，大変楽しみであると同時に，小学生の実態を把握するには大変有意義であった。また，瑞穂市の研究会である「英語に親しむ会」の顧問校長として，小・中学校の連携を視野に入れながらの実践研究も苦労はしたが，児童生徒の言語の習得を改めて考えさせられる機会となった。本書で紹介している『ローマ字から英語へ』もこの時に作成・活用した教材である。
　英語の学習は，基本的に習得的な学習である。教師が帰納的，演繹的に教えて，それを理解，深化，評価して，また，次につなげる習熟サイクルを基本とした活動である。もちろん，探究的な学習，課題解決的な学習（タスク中心の活動）も当然ある。しかし，ある程度の習得がない限り探究的

な学習は難しい。過去には,「skill-getting か skill-using」で話題になったことがあるが,両方ともに大切であり,コミュニケーション活動を通して言語材料の習得を図ることは今では当然なこととして受けとめられている。

しかし,実際の授業を参観すると課題が多くある。例えば,教科書の単語や語句の指導においても,新出単語のみの発音,意味の調べや確認のみで,語彙学習が終了してしまう。教科書や日常会話で頻出度の少ない語彙は当然何回も教える必要があるのに,それができていない。

また,教師や CD の後に続いて発音できたからと言って,子どもが単独で発音できる保証がないのに,チェック(評価)もしないで次に進む場合も多々見受けられる。これらのことは,語彙指導だけでなく,文や文章レベルでも同じことである。

最近では「小学校の英語教育は何年生から妥当ですか」という質問をよく受ける。私は,「英語教育理論に基づく指導方法があれば,何年生からの指導でも良いと思います」と答えている。要は,教育効果があがるかどうかは,教師の指導の考え方とやり方によるのである。教師次第だと言うことである。

最後に,英語の授業開発で座右の銘としている言葉を記す。
・教育は難しいことをやさしく教えることである。決して,簡単なことを難しく教えることではない。
・人間は教えられたように教えるものである。だから教師の教材研究と指導法の改善は必須である。
・有限の言葉を駆使して,無限の表現を生み出すのが人間である。したがって,子どもの可能性を信じて教育することである。

　　　　　　　　　　　　　　　　　　　　平成 27 年　春　　　　著者

後藤信義(ごとう　のぶよし)
1951年，岐阜に生まれる。岐阜大学英文科卒業，兵庫教育大学大学院修了。岐阜県公立中学校及び岐阜大学附属中学校等に勤務。その後，英語指導主事，教頭，公立小学校長，県教育委員会の教育主管，課長を歴任。岐阜大学附属小，附属中学校の副校長を経て，現在，岐阜大学教育学部教職大学院特任教授。岐阜県小・中学校英語研究会元会長。『英語授業実例事典Ⅰ，Ⅱ』(大修館書店)『英語科言語活動』(教育出版)『これからの小学校英語教育の発展』(アプリコット)等に分担執筆多数。
趣味は，陸上競技(アジアマスターズ陸上2014走幅跳M60第7位)。仏像愛好家でもある。

装丁：萩原睦(志岐デザイン事務所)
装画：はるなつ工房

若手教師のための英語授業70のツボ

2015年5月1日　第1刷発行

著　者──後藤　信義
発行者──株式会社　三省堂
　　　　　代表者　北口克彦
印刷者──三省堂印刷株式会社
発行所──株式会社　三省堂
　　　　　〒101-8371
　　　　　東京都千代田区三崎町二丁目22番14号
　　　　　電話 (編集) 03-3230-9411 (営業) 03-3230-9412
　　　　　http://www.sanseido.co.jp/
　　　　　振替口座　00160-5-54300

©Goto Nobuyoshi 2015
Printed in Japan
落丁本・乱丁本はお取替えいたします。
〈英語授業70のツボ・224pp.〉
ISBN978-4-385-36560-2

Ⓡ本書を無断で複写複製することは，著作権法上の例外を除き，禁じられています。本書をコピーされる場合は，事前に日本複製権センター (03-3401-2382) の許諾を受けてください。また，本書を請負業者等の第三者に依頼してスキャン等によってデジタル化することは，たとえ個人や家庭内での利用であっても一切認められておりません。